세계화를 위한

팔도김치

차 원 · 배은자 · 송정애 · 신금례 · 오나라 · 윤미자
이상미 · 이윤선 · 임미선 · 임윤희 · 임인숙 · 정 임
조영숙 · 최정원 · 최종선 · 한인경 · 이은미

KOREAN TRADITIONAL FOOD **KIMCHI**

지구문화
JIGU CULTURE

머 리 말

세계 곳곳에서 한류 바람이 불고 있습니다.

케이팝으로 시작된 아이돌 바람은 급기야 말춤으로 잘 알려진 '오빤 강남스타일' 이 전세계를 휩쓸었고 이제는 드라마로부터 음식문화 또한 한류 바람으로 세계에 많이 알려져 가고 있습니다.

음식은 과거와 현재를 연결하는 고리로서 미래의 또 다른 고리가 되기 위해 항상 다양한 형태로 변화되어 가고 있습니다. 음식문화는 한 나라의 문화를 여러 나라에 알리는 역할에도 큰 기여를 하고 있습니다.

앞으로 계속해서 한류바람이 멈추지 않도록 하기 위해서는 다양한 연구와 많은 노력이 요구되고 있습니다. 현재 한류 음식들로는 비빔밥, 불고기 등으로 국한되어 있습니다만 우리 음식 중에는 발효음식으로서 항산화 물질과 영양이 풍부하여 건강음식으로 높이평가 받는 '김치' 가 차세대 한류 음식 바람을 불러 올 수 있다고 생각합니다.

몇 해 전 인축공동 독감인 사스에도 끄덕 없었던 것은 우리 민족의 대표음식인 김치를 담글 때 사용하는 각종 양념들의 항암효과와 특히 고춧가루의 '캡사이신' 은 잡균을 억제하고, 오래 저장할 수 있도록 하여, 젖산균의 성장을 도와 김치를 맛있게 발효시키는 한편, 뛰어난 면역효과가 김치에 있기 때문이라고 주장할 정도입니다. 다만 '김치' 가 외국인들이 쉽게 접하기에는 나라마다의 식습관으로 다소 어려운 점이 없지 않아서 아쉬워 하던 차 '우리음식문화세계화연구회' 여러분들이 의기투합하여 우리 전통김치의 정확한 레시피를 소개하고, 외국인들이 좋아할 수 있도록 여러나라의 음식과 함께하는 퓨전음식을 개발하게 되었습니다.

저희 '우리음식문화세계화연구회' 들은 아직은 미흡하고 부족한 점이 많지만 끊임없는 노력과 연구 를 거듭하여 세계의 많은 분들이 '오이피클' 처럼 좀 더 간편하고 쉽게 김치를 만들어 먹을 수 있도록 하여 세계 속에 우리의 김치가 사랑을 받는 날이 올 때까지 앞장서 최선을 다하겠습니다.

이 책이 김치를 강의하는 학교 선생님, 각 가정, 나아가 전 세계에 김치의 세계화에 크게 활용될 것을 기대합니다.

끝으로 이 책이 나오기까지 열정적으로 애써주신 우리음식문화세계화연구회 회원들과 지구문화사 임직원 여러분들께 감사의 말씀을 전합니다.

계사년 여름

우리음식문화세계화연구회 회원일동

차 례

PART Ⅰ 김치문화와 재료

Contents

PART Ⅱ 팔도 김치

강원도 김치

경기도 김치

경상도 김치

차 례

북한지역 김치

서울 김치

전라도 김치

Contents

제주도 김치

충청도 김치

김치 퓨전요리

차 례

PART Ⅲ 세계화를 위한 김치 퓨전음식

아시아 · 김치퓨전요리

서양 · 김치퓨전요리

이태리 · 김치퓨전요리

Part I 김치 문화와 재료

Section 01 김치의 기원

김치란 이름은 '소금에 절인 채소'라는 뜻의 한자인 침채(沈菜)가 오늘날 우리 말의 김치로 변한 것으로 추정된다. 고려시대의 김치류에는 지금과는 달리 고춧가루나 젓갈, 육류를 쓰지 않았다. 소금을 뿌린 채소에 천초, 마늘, 생강 등의 향신료만 섞어서 재워두면 채소에 있는 수분이 빠져 나와 채소 자체가 소금물에 가라앉는 침지(沈漬) 상태가 된다. 이 때문에 '침채(沈菜)'라는 특이한 이름이 붙게 되었다. 조선 중종 때의 '벽온방(辟溫方)에 딤채국(菹汁)을 집안사람이 다 먹어라'. 하는 말이 나오는 것으로 보아 '저(菹)'를 우리말로 딤채, '침채 – 팀채 – 딤채'가 되었다가 구개음화하여 '짐치 – 김치'가 되었다. 김치는 배추, 무, 오이 등을 소금으로 절여 고추, 마늘, 파, 생강, 젓갈 등의 양념으로 버무려 담가 숙성, 발효시킨 유산발효음식이다.

우리나라의 김치류에 관한 최초의 기록은 중국의 「삼국지」 〈위지동이전〉 고구려조로 '고구려인은 술빚기, 장담그기, 젓갈 등의 발효음식을 매우 잘한다'고 씌어 있어 이 시기에 이미 저장발효식품을 생활화하였음을 알 수 있다. 「삼국사기」에는 신문왕이 683년에 왕비를 맞이하면서 내린 폐백품목 가운데 간장, 된장, 젓갈류가 들어 있어 발효식품이 널리 퍼졌음을 알려준다.

김치류는 3000년 전부터 중국에서 '저(菹)'라는 이름으로 나타나기 시작해 우리나라에는 삼국시대에 전래되어 통일신라시대, 고려시대를 거치면서 제조방법이 변천되어 왔다. 이 때까지만 해도 김치류는 무를 주원료로 한 동치미, 짠지, 장아찌가 주를 이루었을 것이다. 오늘날과 같은 통배추와 고춧가루를 주원료로 한 김치류는 조선시대 중기 이후, 즉 배추와 고추가 우리나라에 들어오면서 보급되었을 것으로 생각된다.〈김치 천년의 맛〉 중에서

우리나라 고유의 발효식품인 김치는 사계절의 구분이 뚜렷하며 겨울이 긴 한반도의 자연 환경과 조상의 슬기로운 지혜에서 비롯되었고, 농경문화가 뿌리를 내리고 곡물이 주식이 됨에 따라 곡물의 소화를 쉽게 하고 균형잡힌 식사를 위해 염분이 있는 채소류를 함께 먹게 되었다.

또한 뚜렷한 사계절이라는 기후 환경 때문에 이를 대비하기 위한 채소류의 저장방법으로 김치가 만들어지기 시작하였다. 선사시대와 삼국시대의 김치는 여러 가지 채소를 소금에 절이는 방법을 비롯하여, 장에 절이는 방법 등을 이용하였다.

고려시대에는 오이, 부추, 미나리, 갓, 죽순 등 김치에 들어가는 채소류가 다양해졌다. 또한 물김치의 한 종류인 동치미류의 김치가 등장하였고, 단순한 소금 절임 형태의 김치무리에 파, 마늘 등의 향신료가 가미되는 양념형 김치도 등장하였다.

조선 초기에는 김치류의 제조가 활발해지고 김치의 원료가 더욱 다양해지면서 여러 형태의 담금법이 개발되어 젓국지, 장김치와 같은 김치가 만들어지기도 하였다.

조선 중기에는 우리나라에 고추가 유입되어 김치 양념의 하나로 자리 잡기 시작하였다. 영조 42년(1766)에 유중임이 쓴 증보산림경제(增補山林經濟)에서 소개된 김치 중에 침나복함저법(沈蘿葍鹹菹法)이라는 총각김치 담그는 법에 고추를 김치의 양념으로 사용한 사례가 처음으로 기록되어 있다. 김치에 고추가 들어가고 다양한 젓갈이 쓰이면서 식물성과 동물성이 어우러진 맛과 영양의 조화를 이루어 김치 맛을 한층 더 향상시키는 결과를 가져왔다.

조선 말기에 이르러 통이 크고 알찬 통배추가 이 땅에서 육종 재배되기 시작하여 무와 오이, 가지에 앞서서 배추가 김치의 주재료로 자리 잡기 시작하였다. 이렇듯 김치의 역사를 더듬어 보면 고려후기의 문장가인 이규보의 시문에 "울안에 심는 무를 소금에 절여 겨울에 대비한다."라는 구절이 들어있다. 이것으로 미루어 동치미나 짠지 같은 김치가 있었음을 알 수 있다. 1670년대의 조리서인 '음식디미방에는 산갓김치, 오이지, 나박김치 같은 담백한 김치에 산초를 석어 담갓다'는 기록이 있다. 김치 만드는 법이 급격히 발달한 것은 우리나라에 고추가 들어온 이후인 1700년대로 추측한다.

조선 중기 이후에 와서 비로소 지금처럼 고추를 넣은 매운 김치를 만들었고, 그전에는 산초, 파, 마늘, 생강 따위를 넣거나 소금에 절이기만 하는 산뜻한 맛의 김치가 많았던 것 같다. 가장 보편적인 배추 통김치는 19세기 말에 담그기 시작한 것으로 보인다. 그때부터 속이 찬 배추가 생산되었기 때문이다.

Section 02 여러 문헌에서의 김치

(17~20세기초)

조선시대 농업과 인쇄기술의 발달에 따른 농서의 폭 넓은 보급에 힘 입어 채소 지배기술이 향상되었다.

(1) 도문대작(1611년경, 허균)

8도의 진미식품을 소개하면서 '산개저'를 들고 있고 '호남지방에서 "죽순해를 만들고, 그 맛이 좋다."고 소개하고 있다. 도문대작이란 '푸줏간 앞을 지나면서 고기의 맛을 생각하면 입맛이 돈다'는 의미이다.

(2) 음식디미방(1670년경, 안동 장씨 부인)

우리나라 최초의 언문 주방법으로 동과 담그는 법, 마늘 담그는 법, 산갓 침채, 생치 침채법, 생치짠지, 생기지, 무김치(나박김치) 등 7가지의 침채류 만드는 방법이 나와 있다.

(3) 증보산림경제(1766년경, 조선 후기 실학자 홍만선이 기록)

저채류 만드는 법 34종이 나와 있어, 이 때부터 김치에 고추를 이상적으로 사용하여 색깔과 맛에 조화를 이루는 오늘날과 같은 김치의 기초를 형성하게 되었다.

(4) 규합총서(1815년경, 여성이 기록)

여성이 직접 쓴 조선시대 최초의 가정백과 전서로 '동치미, 섞박지, 동아섞박지' 등의 김치를 만드는 법 등이 설명되어 있고, 김치의 종류는 10가지로 밥 반찬 만드는 법이 '치선' 조에 기록되어 있는데, 밥 반찬의 으뜸으로 김치를 들었다.

(5) 임원십육지(1827년경, 조선 후기 실학자 서유구가 기록)

저채류제법 92종이 출처와 함께 가장 상세히 기록되어 있으며 엄장체, 자채, 제채, 저채의 네 가지로 분류하고 있다. 김치의 '저'를 '침채'라고 정리한 것이다.

(6) 동국세시기(1849년경, 홍석모가 기록)

서민들의 살아가는 풍속을 기록하였다. 김치 담그기는 장 담그기와 더불어 가정생활의 2대 중요 연중행사가 되었음을 알 수 있다.

Section 03 자연환경과 김치문화

1. 다양한 계절김치의 이용

일년 사계절이 뚜렷한 우리나라는 산출되는 농수산물의 내용이 계절에 따라 차이가 있다. 봄 · 여름 · 가을 · 겨울의 각 계절에 재배되고 수확되는 채소류가 서로 다르다. 따라서 주재료가 되는 채소의 종류에 따라 다양한 계절김치가 발달되고 또 이용되었다.

이른 봄이면 양지바른 밭이나 언덕에서 냉이나 달래가 돋아난다. 이들을 이용한 냉이김치나 달래김치는 긴 겨울을 잊게 하는 산뜻함이 있다. 봄철에는 이들 외에도 돌나물김치 · 햇배추김치 · 파(봄)김치 · 시금치김치 · 봄갓김치 · 얼갈이김치 · 미나리김치 등이 있다.

여름철에는 열무김치 · 열무물김치 · 부추김치 · 오이소박이 · 양배추김치 등이 있고 가을철에는 고들빼기김치 · 가지김치 · 총각김치 · 깻잎김치 등이 있다. 또한 겨울철에는 섞박지 · 통배추김치 · 보쌈김치 · 깍두기 · 통무김치 · 백김치 · 동치미 · 총각김치 · 호박지 등이 있다.

이와 같이 계절에 따라 갖가지 김치들이 차례로 담궈지고 이용되었다. 결국 계절에 따른 김치류는 그때그때 이용 가능한 재료들을 중심으로 담금해 왔다고 할 수 있다. 음식문화요소 중 물질과 기술요소의 지배원리에 의존하여 그에 따른 김치문화가 형성되고 발전되었던 것이다.

그러나 오늘날에 와서는 채소의 재배기술이 발전되어 주요 채소류의 재배시기가 확대되었고 또 저장기술이 크게 향상되어 품질 좋은 채소들이 계절과는 거의 무관하게 계속 공급되고 있다. 따라서 김치의 계절성, 즉 계절에 따른 김치문화의 특성은 차츰 붕괴되고 있다.

2. 지역에 따른 지역(또는 향토) 김치의 발달

우리나라는 지형적으로 긴 산맥들이 줄을 잇고 큰 강들이 있으며 또 삼면이 바다여서 동서남북의 위치에 따라 기후풍토가 매우 다르다. 그래서 지역에 따라 농산물이나 해산물의 종류도 많으며 생활풍습 역시 조금씩 차이가 있다.

이러한 동서남북에 따른 지역적 특성은 각 지역마다 독특한 지역문화를 형성케 하였으며 김치문화의 경우도 예외는 아니다. 지역에 따라 김치 담금을 위한 재료의 사용이 다르고 방법에서도 약간씩 차이가 있다. 따라서 김치의 지역성이 나타나며 또한 향토 별미 김치가 곳곳에 있다.

김치의 지역성은 소금의 사용량에 따라 가장 특징적으로 나타나고 있다. 남부지역인 전라도나 경상도의 김치는 상대적으로 북쪽인 중부지역이나 북부지역보다 소금의 사용량이 많다. 그래서 남부지역의 김치는 북부지역 김치에 비하여 짜다. 이것은 오랜 경험에서 얻어진 지혜의 결과라고 할 수 있다. 소금의 농도가 높으면 발효숙성에 소요되는 시간이 길어지고 또 저장기간 역시 길어진다. 따라서 기온이 상대적으로 높은 남부지역은 경험적으로 김치를 짜게 담게 된다.

또한 남부지역의 김치는 소금도 많이 이용할 뿐만 아니라 고추 등의 양념도 많이 사용하기 때문에 짜고 맵다. 이에 비하면 북쪽 지역의 김치는 싱겁고 양념의 양이 적어서 담백하다. 그래서 김치는 우리나라에서 '짜고 맵고'의 지역성을 가장 많이 품고 있는 음식으로 인식된다는 주장도 있다.

요리연구가들도 북쪽지방에서는 기온이 낮으므로 싱겁게 하고 양념도 담백하여 신선하게 한다. 반면 남쪽지방에서는 날씨가 더워서 짜게 만들지 않으면 빨리 발효되어 변질이 온다. 소금만으로 짜게 하면 맛이 없으므로 젓국을 많이 쓰며, 마늘 · 생강 · 고춧가루 등도 많이 사용한다'고 말하고 있다.

이와 같이 김치에 있어서 소금 사용의 지역성은 고춧가루 등의 향신료 사용량과 같이 하고 있음을 알 수가 있다. 또한 젓갈은 소금 만큼이나 강조되고 있다.

젓갈은 김치의 지역성을 나타내는 두 번째의 요소라고 인식되고 있다. 영 · 호남에서는 멸치젓과 갈치속젓을 주로 사용하고, 중부지역에서는 새우젓 · 조기젓 · 황석어젓을 사용한다. 그러나 각 지역별로 사용하고 있는 젓갈의 종류는 수없이 많아서 모두 50여종이 넘는다. 이처럼 많은 종류의 젓갈류가 있지만 김치에는 새우젓과 멸치젓이 대표적으로 많이 사용되고 있다.

젓갈 역시 남으로 내려갈수록 소금농도가 높아서 더 짠맛을 내는 경향이 있다. 김치를 담글 때에는 젓갈을 직접 사용하거나 그 일부를 젓국으로 대신하여 사용하기도 한다. 젓갈은 짠맛 외에도 아미노산이나 핵산 관련 물질이 함유되어 있어서 독특한 감칠맛을 내게 한다. 그리고 단백질 등의 영양소를 제공할 뿐만 아니라 발효를 도와주는 여러 가지 역할이 있다.

이와 같은 김치의 지역성과는 달리, 각 지방에는 특색있는 향토(鄕土)김치가 있다. 물론 향토김치는 그 지방의 김치를 대표한다고 할 수는 없다. 그러나 그 지방의 자연환경과 풍속(風俗)의 영향을 받아 향토적 특성이 뚜렷하다고 할 수 있다.

경기도의 개성지방에서는 오래 전부터 보쌈김치가 유명하다고 알려져 있다. 서울지방은 팔도 사람들이 다 모여 있다고 하겠으나, 특히 무로 담근 비늘김치가 독특하다고 한다. 전라도 순천지방의 고들빼기김치, 여수지방의 갓김치, 나주지방의 배를 넣은 동치미도 유명하다.

공주지방의 굴깍두기, 그리고 늙은 호박에 게젓국지를 사용하여 만든 충청도의 호박지 등도 향토 별미김치의 하나이다. 그리고 강원도 동해안 지방의 해물김치, 경상도 지역 이곳저곳의 콩잎김치 · 고춧잎김치 · 씀바귀김치 등이 특색 있는 향토김치로 알려져 있다고 할 수 있다.

이처럼 김치의 지역성이나 향토성은 다른 음식에서 찾아보기 어려운 김치의 속성(屬性)이기도 하며, 이 속성이 또한 김치문화의 매력이기도 하다. 김치의 지역성이나 향토성은 문화적 차원에서 가능한 한 계승 발전시키는 것이 바람직하다. 물론 김치의 산업화에 따른 주요 김치의 표준화와 현대화는 마땅히 필요하고 성취되어야 할 일이다. 그러나 지역이나 지방의 독특한 김치문화는 또 다른 차원에서 보존되어야 한다고 생각된다.

Section 04 김치의 지역성

1. 김치 지역성의 구분

(1) 지리적인 지역구분

① 남 · 중 · 북부 지역의 구분

한반도를 위도에 따라 구분하여 서울 · 경기도 · 강원도 지역을 중부지역으로, 그리고 그 보다 고위도의 지역인 주로 북한 지역을 북부지역이라고 하고, 경상도 · 전라도 · 충청도 일부 지역을 모두 남부 지역으로 구분 한다. 이러한 구분은 편의상 김치의 지역성에서 이용할 수 있고, 그에 따라 김치에 사용되는 소금의 양을 북부지역은 싱겁게, 남부지역은 짜게, 그리고 그 중간의 중부지역은 조금 싱겁게 담는다는 등의 표현을 즐겨 쓴다.

② 해안지역과 내륙(산간) 지역의 구분

한반도는 유라시아 대륙의 동쪽에 위치하면서 삼면이 바다이고 한 면만이 대륙에 접해 있다. 따라서 해안선이 길며(약 8,700km에 달함), 남해와 동해, 그리고 황해에 연하고 있다. 따라서 해양성 기후의 영향을 받으면서 해양자원을 쉽게 이용하는 해안지방과 대륙의 영향을 더 받는 내륙산간 지역으로 구분하고 있다.

김치의 지역적 특색의 하나로 논할 수 있는 생선 · 조개류 · 해조류(藻類) 등의 재료를 많이 이용하는 해안지역과 농산물을 많이 사용하는 내륙 산간지역으로의 구분이 자주 적용된다.

(2) 행정상의 지역 및 그밖에 구분

김치의 지역성 외에도 근래에 이루어지고 있는 대부분의 지역별 조사 연구는 행정단위별 지역구분을 택하고 있다. 특히 도 단위의 행정지역을 중심으로 하고 있다. 예를 들면 1969년부터 1982년간에 나온 문화재관리국의 '한국민속종합보고서'에서의 '식생활' 내용 역시 도 단위 행정상의 지역구분을 택하고 있다.

행정상의 구분 또는 각종 조사연구의 편의성에서 이러한 지역구분은 여러 가지 장점이 있음에도 불구하고 또한 단점도 적지 않다. 특히 지역적 특성을 논하고 있으나 그 지역의 자연환경 등의 고려가 부족한 것 등이 단점으로 지적된다.

행정상 지역구분 외에도 한민족(韓民族) · 한문화(韓文化)를 기층(基層)문화로 하여 지역적 성격을 '쌀재배문화권', '잡곡문화권' 그리고 '양자의 복합문화권' 등으로 구분하고 있다. 이러한 주식(主食)요소로서 김치를 논하는 지역성 구분에는 한계가 있다. 또한 1916년 일제시대의 일본 육군 제 8사단 군의부가 실무를 맡아 '조선의 의식주'에 대하여 행한 조사는 지역의 구분 대신에 주요거점 도시별로 실시한 것이 특징이다. 이는 주요 도시를 중심으로 이루어진 것으로 김치의 지역성을 논함에는 역시 한계가 있다고 하겠다

2. 김치 지역성 고찰의 기준

(1) 소금의 사용량(농도)에 따른 기준

소금의 농도는 김치의 지역성을 구분하는 방법 중 가장 잘 이용되는 기준이다. 소금농도가 김치의 조리방법 및 저장과 직접 관련이 있기 때문이다. 그리고 조리방법과 저장은 자연환경 중에서 지리적인 특징인 기후 조건에 크게 지배를 받고 있다.

남부지역(전라도와 경상도를 중심으로)은 김치에 소금을 많이 넣어 그 농도를 높게 하고 짜게 김치를 담근다. 그러나 반대로 중부 · 북부지역은 조금 적게 넣어 싱겁게 또는 아주 싱겁게 김치를 담근다. 보통 김치의 소금농도를 2~3%라고 한다면 남부지역은 대체로 3% 수준 내외를, 북부지역은 2% 내외가 된다고 할 수 있다.

김치의 발효숙성에 미치는 여러 가지 요인들 중에서 가장 중요한 요인은 소금의 농도와 온도이다. 소금농도가 높으면 발효숙성이 서서히 진행되고 반대로 낮으면 빨리 진행된다. 그리고 온도가 높으면 상대적으로 급속히 진행되고, 낮으면 서서히 진행된다.

따라서 남부지역은 상대적으로 기온이 높으므로 소금의 농도를 높여 장기간 저장하면서 식용을 꾀하고 있다. 그러나 기온이 대체로 낮은 지역인 북부지역은 반대로 소금의 농도를 낮게 잡고 있다. 이러한 지역적 특성 또는 관습은 그 지역 사람들이 오랜 세월을 두고 얻은 체험의 결과라고 할 수 있다.

(2) 젓갈과 주재료의 이용빈도에 따른 기준

김치 지역성을 논할 때 소금 다음으로 거론되는 것은 젓갈의 사용이다. 일반적으로 김치 담금에는 젓갈을 넣고 있으며 김치에 사용되는 젓갈에는 여러 가지 종류가 있다. 젓갈은 주로 수산물을 소금에 절여 삭힌 발효식품이다.

어패류 등의 살 · 내장 · 알에 소금을 주입하여(약 20% 내외의 농도) 절인 후에 상온 또는 저온에서 일정기간 자체 내의 자가분해 효소와 미생물에 의한 발효로 특유의 감칠맛이 난 것이다. 이러한 맛은 주로 생성된 유리 아미노산과 핵산관련 물질에 의해 형성된다. 예로부터 우리나라는 삼국시대부터 삼면이 바다인 까닭으로 계절에 따라 여러 가지 종류의 젓갈을 식용해 왔다.

1200년대에서 1984년까지 발행된 문헌에 기록된 젓갈의 종류는 모두 149종이었으며, 이것은 젓갈과 식해(食醢), 그리고 어육장(魚肉醬)을 모두 포함한 것이다. 그중 게젓이 가장 빈번하게 문헌에 기록되어 있고 그 밖에 새우젓 · 굴젓 · 조개젓 · 곤쟁이젓 · 비웃젓 · 조기젓 · 명란젓 · 연어알젓 · 어리굴젓 · 멸치젓 등의 순서였다.

문헌에는 '민속조사보고서'에 118종, '원행을묘정리의궤'에 62종, '시의전서'에 29종, '조선무쌍신식요리제법'에 26종, '임원십육지'에 30종 등 고문헌의 특성에 따라 비교적 많은 종류의 젓갈이 기록되어 있다.

김치담금용 젓갈의 종류는 56가지 정도로 알려지고 있다. 주요 김치용 젓갈은 멸치젓 · 새우젓 · 조기젓 · 황석어젓 등이며, 이들은 우리나라 대부분의 지역에서 널리 이용되고 있다.

그 밖의 젓갈들은 지방에 따라 독특하게 사용된다고 한다.

표 1-1에서 지역별(도별)로 이용되는 김치젓갈을 대략적으로 살펴볼 수 있다. 이 조사자료는 주로 각 도별 해안지방을 대상으로 조사했다는 한계성을 지니고 있으나 새우젓과 멸치젓의 사용여부에 따라 김치의 지역성이 드러나고 있다.

표 1-1 지방별(도별) 김치에 사용되는 젓갈의 종류

지 역	종 류
평안북도	조기젓 · 새우젓
평안남도	새우젓 · 조개젓 · 꼴뚜기젓
함경북도	자주 쓰이는 젓갈 없슴
함경남도	새우젓
황해도	새우젓(백하젓, 중하젓 포함) · 조기젓 · 황석어젓
강원도	아가미젓 · 멸치젓
경기도	새우젓(오젓 · 육젓 · 추젓 · 자젓 포함) · 황석어젓 조기젓 · 밴댕이젓
충청남도	새우젓(오젓 · 육젓 · 추젓 · 자젓 포함) · 황석어젓 · 조기젓 · 멸치젓
전라북도	새우젓(백하젓 · 세하젓 · 자젓 · 중하젓 포함) · 멸치젓 · 황석어젓
전라남도	멸치젓 · 잡젓 · 새우젓(백하젓 포함)
경상남도	멸치젓 · 갈치젓 · 고등어새끼젓
경상북도	멸치젓 · 전갱이새끼젓 · 꽁치젓

'우리나라 젓갈의 지역성 연구', 중앙대 박사 학위논문 (1987)

젓갈의 지방별 사용경향을 보면 경상도와 전라도에서는 멸치젓이, 전라북도 · 충청도 · 경기도 지역, 그리고 북한 지역에서는 주로 새우젓이 이용되고 있다. 그러나 일반적으로 새우젓은 전 지역에서 사용되고 있다는 보고도 있다. 이러한 젓갈의 지역에 따른 이용 경향은 우리나라 해류의 특성과 어패류의 종류 및 수심에 따른 어획고의 차이에서 기인된다고 볼 수 있다.

(3) 지역사회 주민의 계층에 따른 기준

김치의 지역성을 살피는데 있어서 생태환경과 계층간의 차이(특히 빈부의 차이)를 동일시해서는 문제가 생긴다. 그것은 조사지역에 살고 있는 사람들은 계층에 따라 음식의 종류와 형태, 그리고 품질이 다른 경우가 많기 때문이다.

조선총독부의 조선의 의식주 조사(1916년도)는 지방 도시별로 나누어 실시하되 김치류를 상등품과 하등품으로 구분하였다. 대체로 김치의 품질면에서 사용재료와 담금방법이 계층별로 차이가 있기 때문이다. 따라서 그 지역을 대표하는 계층을 설정하는 것은 대단히 중요하나 실제로 한 지역의 민속주체가 누구인가라는 것은 매우 어려운 문제이다.

3. 지역별 김치 종류와 그 특성

(1) 지역별 김치의 종류

① 서울(개성) : 섞박지, 보쌈김치, 총각김치, 깍두기, 장김치, 배추통김치, 감동젓김치, 석류김치, 호박김치, 씨도리김치

② 경기도 : 배추김치, 총각김치, 개성식 보쌈김치, 순무김치, 꿩김치, 고구마줄기김치, 숙김치, 백김치, 미나리김치, 장김치, 오이소박이, 오이물김치, 즉석김치

③ 함경도 : 배추김치, 식해, 콩나물김치, 무말랭이김치, 산갓김치, 대구깍두기, 가자미식해, 쑥갓김치, 채칼김치, 봄김치, 무청김치

④ 평안도 : 배추김치, 동치미, 김치오가리, 분나물김치, 백김치, 콩나물국물김치, 호박김치, 빨간무소박이, 나박김치, 나복동치미

⑤ 황해도 : 배추김치, 호박김치, 보쌈김치, 섞박지, 고수김치, 풋고추김치, 감김치, 파김치, 동치미, 나박김치, 풋김치

⑥ 충청도 : 나박김치, 비늘김치, 호박김치, 알타리김치, 열무물김치, 가지김치, 박김치, 시금치김치, 새우젓깍두기, 굴깍두기, 고춧잎김치, 배추고갱이김치, 공주깍두기

⑦ 강원도 : 해물김치, 새치김치, 꽁치김치, 북어배추김치, 아가미(서거리)깍두기, 배추고갱이김치, 봄원추리김치, 돌나물김치, 산갓김치, 대구깍두기, 가자미식해

⑧ 경상도 : 백김치, 파김치, 고추김치, 비지미(깍두기), 멸치젓섞박지, 콩밭열무김치, 콩잎쌈김치, 박김치, 통대구소박이, 모젓깍두기, 방울김치, 배추김치, 나박김치, 전복김치, 속세김치, 콩잎김치, 우엉김치, 부추김치, 햇배추김치, 부추젓김치, 알타리박동김치, 곤지김치, 멸치젓섞박지, 가지김치, 장제쪽파김치, 풋고추젓김치, 도라지김치, 더덕지, 고구마줄기김치, 씀바귀김치, 곤달비김치, 생멸치배추김치, 고춧잎김치, 돌나물김치, 감김치, 들깻잎김치

⑨ 전라도 : 동치미, 갓김치, 고들빼기김치, 씀바귀김치, 총각김치

⑩ 제주도 : 꽂대김치, 갓물김치, 톳김치, 총각김치, 즉석김치, 물김치, 실파김치, 청각김치, 솎음배추김치

(2) 김치의 지역별 특성

① 중부(서울 · 경기도 · 충청도 · 황해도)지역 김치의 특성

우리나라 중부지역의 서울 · 경기도 · 충청도 · 황해도 지역은 서해를 접하고 있어서 해산물이 풍부하며 해안평야지대에서 생산되는 각종 농산물도 풍부하다. 그리고 기온은 남부와 북부지역과는 달리 중간 정도의 온도 분포를 유지하고 있는 것이 특징이다.

물론 서울지방은 자체에서 생산되는 농수산물은 적으나 전국 각지에서 생산된 각종 김치 재료가 풍부하게 공급되므로 이들을 이용해서 다양한 김치를 만들었다. 그리고 김치문화가 완성되는 조선시대의 수도였으므로 조선시대 음식의 걸작품이 많이 남아 있으며 김치의 경우도 예외는 아니다.

그리고 서울 · 경기도 · 충청도 · 황해도 지역의 김치 특성은 여러 가지 면에서 유사한 점이 많다. 대체로 김치의 간은 짜지도 맵지도 않으며 젓갈은 새우젓 · 조기젓 · 황석어젓 등 담백한 젓국을 많이 쓰고 멸치젓은 6.25동란 이후 갈치 · 낙지 · 생새우 등과 함께 이용하기 시작하였다.

갓 · 미나리 · 청각 · 표고버섯 · 배 · 밤 등을 사용하여 전체적으로 은근한 맛이 우러나도록 한다. 중부지역 중에서 황해도 김치에는 독특한 고수와 분디라는 향신채소를 사용한다. 미나리과에 속하는 고수는 배추김치에 좋고 분디는 호박김치에 어울린다고 한다. 그리고 김치는 대체로 국물을 넉넉하게 부어 시원하게 담그며 동치미를 담아 국물에 국수나 찬밥을 갈아 먹는다.

② 남부(경상도와 전라도)지역 김치의 특성

남부지역은 상대적으로 기후가 따뜻하며 긴 남해안을 통한 풍부한 해산물과 호남평야 등 곡창지대를 안고 있으며 산간지역에서도 각종 농산물이 풍요롭다. 따라서 김장의 경우 따뜻한 기온에서도 장기간 저장이 가능하도록 비교적 소금이나 젓갈을 많이 넣으며 다른 양념도 푸짐하게 넣는 것이 보통이다.

젓갈 중에서는 멸치젓을 많이 쓰고 있으며, 각종 채소류와 해산물도 다양하게 부재료로 사용하고 또 곡물(가루)을 이용하기도 한다. 멸치젓갈을 많이 사용하므로 그 색깔이 탁한 경향이 있으나 깊은 맛이 있다. 남부지역은 예부터 전주 · 해남 · 통영 · 경주 · 안동 등의 지방색이 강한 도시가 있으며, 각 고을마다 부유한 향토토박이들이 대를 이어 살았다. 그러므로 맛과 풍류와 집안 특성을 지닌 김치들이 많이 있다.

③ 강원도 지역 김치의 특성

이 지역은 긴 동해안을 끼고 있으며 또한 태백산맥이 북에서 남으로 이어있다. 이 분수령을 기준으로 영동(또는 관동)과 영서로 나뉘고 있으며 따라서 내륙과 해안의 특성을 지닌 영동과 영서는 서로 지세와 기후가 다르므로 식생활은 물론 김치문화에도 차이가 있다.

영동 해안지방의 경우는 풍부한 해산물, 특히 어패류와 해조류를 이용한 김치나 생선 식해 등이 발달되어 있다. 특히 명태와 오징어를 이용한 김장이 특색이며, 이들을 중간정도로 말려 잘게 썬 살을 젓국으로 버무려 간을 맞추고 멸치달임 국물을 넣는다. 그러나 영서지방은 영동지역과 경기도 지역의 영향을 받아서 이 두 지역의 특색을 함께 지니고 있다.

④ 북부지역(평안도 및 함경도)김치의 특성

평안도와 함경도는 위도상으로 보아 알 수 있는 바와 같이 겨울이 길고 춥다. 그리고 평안도는 서해안을 끼고 있으나 동쪽은 넓은 평야가 있으므로 각종 농산물도 풍부하다. 또한 중국 대륙인 만주를 접하고 있으므로 대륙적이며 중국의 영향도 많이 받고 있다. 그러나 함경도는 동해안을 끼고 있으며 서해안의 평안도 해산물과는 다소 차이가 있다. 그리고 높은 산과 추운 겨울 날씨로 인한 지역적 특색이 강하다.

이들 지역의 김치는 대체로 싱겁고 맵지 않은 것이 특징이다. 평안도는 서해안에서 얻어지는 새우(젓) · 갈치 · 조기(젓) 등을 김치재료로 사용한다. 김장의 경우 배와 무를 통으로 담그고 국물을 많이 잡아 싱겁게 간을 하여 숙성시킨다. 그리고 함경도의 경우는 동해안의 동태나 가자미 등을 많이 이용하며 젓갈 대신에 생 동태나 가자미를 잘게 썰어 넣는다. 비교적 양념을 적게 넣으나 마늘 · 파 · 생강으로 맛을 낸다.

Section 05 한국김치문화사에 나타난 김치무리

* 가자저(架子菹)

서리가 내릴 무렵의 가지를 소금에 절여 익힌 것 (산림경제)

* 가지김치(가지저)

가지를 세로로 칼집을 내어 소금에 절인 뒤 파 · 실고추로 양념한 소를 집어 넣고 동여매어 익힌 것 (시의전서, 한국민속종합조사보고서, 산림경제)

* 가지김치(하월법)

소금을 녹여 식힌 백비탕에 마늘즙을 섞고 여기에 가지를 담근 것 (증보산림경제)

* 가지소박이

가지를 통째로 배를 갈라 소금에 절인 후 무채양념을 소로 하여 채워 넣어 익힌 것

* 가지장아찌

가지를 간장이나 고추장에 넣어 익힌 것 (전통향토음식 조사보고연구보고서)

* 감김치

약간 덜 익은 감으로 만든 김치

* 감자장아찌

감자를 장에 끓여 이를 양념한 것 (조선무쌍신식요리제법)

* 감동젓무김치

배추, 무에 생굴, 낙지, 전골, 북어, 밤, 잣 등을 섞고 양념과 감동젓(곤쟁이젓)으로 버무린 것.

* 갓국김치

무를 나박나박하게 썰고 갓을 섞어서 국물이 있게 만든것. (한국민속 종합조사 보고서)

* 갓김치

갓을 소금에 절여 파, 마늘, 생강, 고추, 젓국, 미나리로 양념하여 담근 것. (연행일기, 조선요리제법, 조선무쌍신식요리제법, 한국민속종합조사보고서)

* 갓쌈지(갓소박이)

갓잎에 켜켜로 양념을 넣어 담가 익힌 것. (전국 유명지방 음식걸작선)

* 갓채

갓을 채 썬 다음 식초, 소금, 설탕, 참기름으로 양념하여 항아리에 담아 잘 눌러 숙성시킨 것. (한국민속종합조사보고서)

* 강수저(薑須菹, 생강김치)

순무나 무를 얇게 설어 싱거운 김치로 담을 때 어린 파와 생강을 함께 넣어 담근 것.(산림경제)

* 개암장아찌

개암을 간장에 담가 만든 장아찌. (한국민속종합조사보고서)

* 검들김치

무를 소금에 절여서 항아리에 담고 파, 마늘, 생강은 채 썰어 소금으로 간하여 베 주머니를 만들어 넣고 소금국물을 심심하게 부은 동김치. (한국민속종합조사보고서)

* 게걸무깍두기

  게걸무를 썬 다음 이 무에 고춧가루를 넣어 고루 버무려서 빨갛게 색을 들인 후 부재료(향신료, 소금 등)를 넣고 담근 것.

* 게쌈김치

  게 껍질 속에 게살과 갖은 양념을 섞어 채워 넣어 담그는 게살소박이

* 겨자김치(개침채 : 芥沈菜)

  무, 배추, 미나리, 전복, 해삼, 표고, 석이, 배 등을 넣고 파, 마늘, 생강, 소금, 설탕으로 양념하여 김치를 담글 때 겨자를 넣어 담근 것. (계산기정, 조선요리법)

* 겨자깍두기

  깍뚝썰기를 한 무에 겨자즙과 소금, 실고추, 파, 마늘 다진 것, 설탕 등을 넣어 담근 깍두기. (조선요리제법)

* 고구마김치

  고구마를 깍두기처럼 소금에 절였다가 밀가루풀에 고춧가루, 쪽파, 미나리를 섞어서 버무려 담근 것. (한국민속종합조사보고서)

* 고구마줄기 김치

  고구마줄기의 껍질을 벗겨 마늘, 소금으로 양념하고 간을 맞춘 후 익힌 것. (한국민속종합조사보고서)

* 고들빼기김치(속세김치, 씀바귀지)

  고들빼기를 냉수에 10여일간 담갔다가 건져 파, 마늘, 생강, 고춧가루, 젓갈, 깨, 꿀, 간장 등의 양념으로 버무린 것. (한국민속종합조사보고서)

* 고수김치

  고수를 바지락, 조개젓이나 황새기젓으로 버무려 담근 김치. (한국민속종합조사보고서)

* 고추김치(풋고추지)

  고추에 젓국을 끓여 식혀 붓고 위에 소금을 뿌리고 간장, 설탕, 식초를 넣어 담근 것. (한국민속종합보고서)

* 고추잎 장아찌

  고추잎을 간장 혹은 된장에 넣어 익힌 것. (한국민속종합조사보고서)

* 곤달비김치

진간장에 멸치국물, 깨소금, 고춧가루, 파, 마늘을 넣어 만든 양념장에 곤달비잎을 적셔서 삭힌 것.

* 곤쟁이젓김치

배추, 무를 썰어 소금에 절이고 파, 마늘, 생강, 곤쟁이젓, 고춧가루로 버무려 익힌 것. (조선요리제법)

* 곤지김치

김장 전에 배추나 무를 뽑아 햇볕에 시들하게 말린 다음에 찹쌀풀을 넣어 버무려 익힌 것.

* 골곰짠지

무를 썰어 말렸다가 간장을 부어두고, 먹을 때 고춧가루, 기름, 파, 마늘로 양념한 것. (한국민속종합조사보고서)

* 골릴김치

배추와 배추꼬리를 소금에 절였다가 시들시들하게 말려 담근 것.

* 과동개채침법(過冬芥菜沈法, 겨울나는 갓김치)

동아와 순무 및 순무줄기(껍질을 벗기고 크기가 큰 채소처럼 도독도독 썰어 둔 것)을 물이 새지 않는 독에 담근것. (수운잡방)

* 과저(瓜菹)

오이를 독에 담근 후 준비한 소금물을 오이가 담길 때까지 붓고 돌려 담근 것(수운잡방)

* 교림채

〈원행을묘정리의궤〉에 이름만 7회 기록되어 있음

* 굴김치

배추를 소금에 절였다가 파, 마늘, 생강으로 양념하여 새우젓으로 간 맞춘 것.(조선무쌍신식요리제법, 조선요리법, 조선요리제법, 한국민속종합조사보고서)

* 굴장아찌

생굴에 간장, 기름, 양념류를 넣어 볶거나 소금을 넣어 숙성시킨 것.
(조선무쌍신각요리제법)

* 근대김치

근대와 무를 소금에 절여서 젓갈, 쌀풀, 양념으로 버무린 것.

* 근저(芹菹)

미나리 김치를 말함.

* 김치주저리

무청, 배추잎 등을 소금에 절여 담근 것.

* 깍두기

무를 주사위 모양으로 깍뚝썰기로 썰어 소금에 절였다가 고춧가루로 버무리고 파, 마늘 생강, 새우젓으로 양념한 것. (조선무쌍신식요리제법, 간편조선요리제법, 가정요리, 조선요리제법, 이조궁중요리통고, 한국민속종합조사보고서)

* 깻잎김치

깻잎에 마늘, 생강, 간장을 섞은 양념을 바르면서 차곡차곡 항아리에 담고 장만 따라서 끓여 다시 부어 만든 것.

* 깻잎된장장아찌

깻잎을 된장에 박아 만든 장아찌. (한국민속종합조사보고서)

* 꽃대김치(동김치)

제주도 지방의 김치로서 배추꽃대를 소금에 절여서 멸치젓, 마늘, 고춧가루로 버무린 것.

* 꿩김치(관전저)

꿩을 삶아 오이, 죽순, 표고, 전복, 해삼, 버섯 볶은 것과 함께 담가 놓은 것. (조선요리법, 조선요리제법, 한국민속종합조사보고서)

* 꿩미농김치(달래김치)

제주도 달래를 양념하여 담근 것

* 나박김치(나백김치)

무를 얄팍하게 썰어 소금에 잠시 절였다가 건져 미나리, 파, 마늘, 고추, 갓을 섞어 항아리에 담고간맞춘 물을 부어 익힌 것. (조선무쌍신식요리제법, 조선요리법, 조선요리제법, 이조궁중요리통고, 한국민속종합조사보고서)

* 나복동침저(蘿葍凍枕菹)

연한 무를 항아리에 담고 백비탕을 차게 식혀 소금으로 간 맞추어 부어 익힌 것. (증보산림경제)

* 나복함저(蘿葍醎菹)

무, 고추, 고추잎, 연한 고추줄기, 청각, 오이, 호박, 연한 호박줄기, 동아 썬것, 부추, 천초 등을 항아리에 켜켜로 펴 넣고 켜마다 소금, 소금물, 마늘즙을 넣으면서 포개어 담고 봉하여 땅에 묻어 익힌 것. (증보산림경제)

* 나복황아저(蘿葍黃牙菹)

겨울철에 움 속에 저장해 두었던 무에서 돋아난 노란 싹으로 담근 나박김치

* 남삐짐치(무김치)

제주도 방언으로 남삐무를 절여 양념하고 멸치젓으로 간을 맞춘 것

* 납조저(臘糟沮)

오이를 술지게미와 소금물 담근 독에 깊이 박아 숙성시킨 것. (수운잡방)

* 노각장아찌

늙은 오이로 만든 장아찌

* 노과저(老瓜菹)

늙은 오이를 잘게 썰어 소금을 뿌리고 산초를 켜켜로 섞어 독에 담근 것. (수운짐방)

* 녹두장음침체

〈원행을묘정리의궤〉에 이름만 1회 기록되어 있음

* 닭김치(영계 과전지)

닭을 삶아 살만 찢고 고기, 고추장, 깨소금, 파, 표고, 석이, 죽순, 식초, 마늘 등을 함께 사용하여 볶아 닭살과 섞어 미리 담가둔 김치와 곁들여 담고 간장, 식초, 설탕으로 간하여 김치국물을 붓고 얼음을 채워 먹는 것. (조선요리법, 간편조선요리법, 조선무쌍신식요리제법, 이조궁중요리통고)

* 닭깍두기

오이를 썰어서 넷으로 쪼개 파, 마늘, 생강, 고춧가루로 양념한 후 닭을 삶아 넣어 함께 버무려 얼음을 채웠다가 먹는 것. (조선요리제법)

* 당귀장아찌

당귀의 연한 줄기를 고추장에 박아 만든 장아찌. (전통향토음식조사연구보고서)

* 당근깍두기

당근과 무를 섞어 담근 깍두기.

* 더덕지

더덕을 물에 담가서 쓴맛을 우려내고 파, 마늘 다진 것, 고춧가루, 젓갈을 버무려 익힌 것. (한국민속종합조사보고서)

* 더덕소박이

더덕에 칼집을 내어 그 사이에 양념을 넣어 담근 김치

* 더덕장아찌

더덕을 고추장 또는 소금, 간장에 절인 것. (조선요리법, 한국민속종합조사보고서)

* 덤불김치

무의 잎과 줄기, 배추의 지스러기로 담근 김치.

* 도라지김치

도라지를 소금에 주물러 쓴맛을 뺀 후 국물없이 깍두기처럼 담근 것.

* 돌나물김치

돌나물을 소금에 절여 고추, 마늘, 생강으로 양념하여 밀가루풀을 넣은 김치국을 부은 것. (간편조선요리제법, 조선무쌍신식요리제법)

* 동갓채(童芥菜)

어린 갓의 줄기를 벗겨 가늘게 채쳐서 소금과 꿀로 간을 맞추어 담근 것. (시의전서)

* 동과담침채(淡沈菜)

〈원행을묘정리의궤〉에 이름만 3회 기록되어 있음.

* 동과산(冬瓜蒜)

동과산은 동아와 마늘을 다진 것에 소금으로 간 맞추어 담근 것. (영행일기, 증보산림경제)

* 동과저(冬瓜菹)

동아를 살만 저며 소금에 잠깐 절였다가 항아리에 담고 생강, 파로 양념한 것.(음식디미방, 증보산림경제, 조선무쌍신식요리제법)

* 동아장아찌

동아를 썰어서 소금과 된장에 절인 것. (전통향토음식조사연구소) 또한 배춧잎 사이사이에 고추, 생강, 마늘, 귤껍질, 석류, 잣을 버무려 소를 넣고 동여매어 항아리에 무와 번갈아 넣고 소금으로 간한 김칫국을 부어 익힌 것.(한국민속종합조사보고서)

* 동김치

배추를 절여 잎 사이사이에 양념소를 넣고 동여매어 무와 함께 항아리에 담금 하여 소금물(김치국)을 부어 익힌 것. (한국민속종합조사보고서)

* 동아섞박지

동아의 꼭지부분과 밑부분을 제거하고 씨와 속을 긁어낸 후 조기젓국, 청각, 생강, 파, 고추를 찧어 넣고 도려낸 꼭지를 다시 맞춘 후 틈 없이 종이를 발라두었다가 국물이 고이면 동아를 썰어 국물과 함께 먹는 것.
(규합총서, 시의전서)

* 동월침가저

가지를 따서 껍질에 끓는 물을 끼얹었다가 식혀 소금물에 절여 돌로 꼭 눌러 땅에 묻어두고 먹는 것. (증보산림경제)

* 동가침채

가지에 맨드라미꽃을 넣고 돌로 누른 후 소금국을 짜게 부어 두껍게 싸두었다가 겨울에 먹는 것. (규합총서)

* 동저(冬菹)

무를 씻어 소금에 굴려 켜켜로 소금을 뿌리면서 독에 넣어 절였다가 상하를 뒤바꾸어 또 절였다가 오이를 함께 넣어 냉수를 붓고 봉하는 것. (한국민속종합조사보고서)

* 동지김치(꽃대김치)

배추꽃대를 소금에 절여 멸치젓, 마늘, 고춧가루로 버무린 것.
(한국민속종합조사보고서)

* 동치미(동침이)

소금에 절인 무를 가지, 오이, 청각과 함께 켜켜로 독에 넣고 배, 유자, 밤 등도 통으로 넣어 위에 돌을 얹고 소금으로 간 맞춘 물을 받쳐서 부고 봉해 두었다가 겨울에 먹을 때 썰어 먹는 것. (요록, 계산기정, 연행일기, 규합총서, 연행록, 동국세시기, 시의전서, 조선요리제법, 조선요리법, 간편 조선요리제법, 조선무쌍신식요리제법, 이조궁중요리통고)

* 두릅김치

데친 두릅과 절인 무에 쌀죽, 젓갈, 양념으로 버무려 익힌 것.

* 둥둥이김치

김치국을 많이 하여 담근 것.

* 마늘김치

가을에 캐낸 마늘에 천초, 소금을 넣어 담근 김치. (음식디미방)

* 마늘잎(종)장아찌

마늘과 마늘종을 간장이나 고추장에 담근 것.

* 마늘장아찌

마늘을 식초, 간장 등에 담금해서 절인 것.

* 만청근저(蔓菁根菹)

〈태상지〉에 이름만 1회 기록되어 있음.

* 만청담침채(蔓菁淡沈菜)

〈원행을묘정리의궤〉에 이름만 1회 기록되어 있음.

* 만청저(蔓菁菹)

순무를 소금에 절인 것. (증보산림경제, 태상지)

* 메밀순김치

메밀순으로 담근 것.

* 멸치국지

무를 네모 반듯하고 도톡하게 썰어 소금에 절이고 배추, 고추, 미늘, 생강, 미나리를 넣고 버무린 후 좋은 젓국을 조금 쳐서 간을 맞추어 부어 익힌 것. (시의전서)

* 명월관 생치침채(生雉沈菜)

생치를 백숙으로 고아 기름기 없이 받쳐 동치미국에 섞어 생치살을 찢어 넣어 숙성시킨 것. (부인필지)

* 모점이법

생가지를 네 쪽으로 쪼개 참기름에 지져 간장, 초, 마늘즙에 담근 것. (수운잡방)

* 목통초(木通醋)

으름, 물, 소금을 섞어 독에 담아 따듯한 곳에 두어 숙성시킨 것. (수운잡방)

* 묘삼나박김치

묘삼이나 미삼을 깨끗이 씻어서 오이를 저며 넣고 소금, 실고추로 담근 것. (한국민속종합 조사보고서)

* 무고추장장아찌

무를 소금에 절여 고추장에 담가 익힌 것.

* 무김치

무를 소금으로 간하고 고추, 오이, 호박, 동아, 미나리, 천초, 부추 등을 뿌리면서 항아리에 담고 소금물과 마늘즙을 함께 넣어 땅에 묻어 두었다가 먹는 것.(증보산림경제, 조선무쌍신식요리제법)

* 무비늘김치

무를 씻어서 생선 비늘 모양으로 어슷 칼집을 내고 여기에 속을 넣어 배춧잎에 싸서 배추통김치나 보쌈김치 사이에 넣은 것. (이조궁중요리통고)

* 무염침채

무잎과 줄기를 항아리에 담고 물을 가득 부은 후에 4일이 지나 흰거품이 나면 다시 물을 덧부어 담은 것. (요록)

* 무(채)장아찌

무를 된장, 고추장에 박아 만든 장아찌. (전통향토음식조사연구보고서)

* 무(채)깍두기

아주 작고 연한 무를 무청이 달린 채로 다듬어 소금에 절였다가 파, 마늘, 생강 다진것, 새우젓 또는 멸치젓국, 고춧가루, 소금으로 버무려 담은 것.

* 무청장아찌

무청을 데쳐서 말린 다음 된장에 넣어 만든 장아찌.
(전통향토음식조사연구보고서)

* 무짠지

항아리에 무를 담고 소금을 뿌리고 돌로 눌러 숙성시킨 것. (조선요리법)

* 물김치

배추, 무를 적당히 썰어 소금에 절이고 파, 마늘, 생강으로 양념하여 국물을 부어 익힌 것. (한국민속종합조사보고서)

* 미나리김치(미나리지, 근저[芹菹])

미나리에 무채 썬것, 파, 생강, 실고추를 버무리고, 달여서 식힌 후 새우젓국으로 간을 맞춘 것. (한국민속종합조사보고서)

* 미역귀김치(곽이저, 미역귀장아찌)

미역귀로 만든 것.

* 박김치

박을 껍질 벗겨 속을 긁어내고 나박김치처럼 썰어 소금, 설탕으로 간 맞추어 국물을 붓고 실백, 실고추를 띄운 것. (시의전서, 조선요리제법, 한국민속종합조사보고서)

* 반지(백지)

무는 저미고 배추는 잎 사이사이에 배, 밤, 석화, 각종 생선, 청각, 석이 등의 고명을 띄우고 젓국으로 간하여 김칫국을 부어 익힌 것. (한국민속종합조사보고서)

* 밤장아찌

밤알을 진간장으로 절인 것

* 배추겉절이

소금에 절인 배추에 파, 부추, 미나리를 섞어 양념에 버무린 것.

* 배추김치

배추를 씻어 소금에 절여 국물을 붓고 소금으로 간 맞추고 미나리, 갓, 청각, 기타 양념 등을 썰어 숙성 시킨 것. (연행일기, 시의전서, 간편조선요리제법, 가정요리, 한국민속종합조사보고서)

* 배추깍두기

무를 채치고 배추는 절여 놓고 배추잎 사이에 무 채친 것, 파, 마늘, 생강, 미나리, 새우젓, 소금, 조기젓, 고춧가루를 함께 버무려 소를 넣는 것. (조선요리제법)

* 배추통김치(시연지)

배추를 소금에 절여 헹구고 무채, 미나리, 갓, 청각, 배, 밤, 해물, 새우젓, 소금, 고춧가루를 버무린 양념속을 잎사귀 사이사이에 집어넣고 잘 감싸오므려 항아리에 넣고 젓국물과 소금으로 감 맞춘 것. (조선요리법, 조선요리제법, 이조궁중요리통고, 한국민속종합조사보고서)

* 배추장아찌

배추를 말려서 진간장에 절인 것.

* 백김치(침백채, 백채침체)

배추잎 사이사이에 무 채친 것과 미나리, 낙지, 굴, 표고, 통깨, 배, 밤, 잣, 젓국, 파, 마늘, 생강, 소금. 실고추를 버무린 소를 집어넣고 김치국물을 부은 것. (요록, 원행을묘정리의궤, 한국민속종합조사보고서)

* 버무리김치

절인 배추 씻은 것을 썰어 무와 섞어서 새우젓과 갖은 양념으로 버무린 것. (한국민속종합조사보고서)

* 보쌈김치

배추를 소금과 젓국으로 절여놓고 낙지, 전복, 미나리, 갓, 청각, 배, 굴, 밤, 표고를 납작하게 썰어 파, 마늘, 생강, 젓국, 소금으로 버무려 배춧잎을 펴고 고루 놓아 흩어지지 않게 실로 동여매고 김치국물을 부은 것. (조선요리법, 조선요리제법, 이조궁중요리통고, 가정요리, 한국민속종합조사보고서)

* 봄동김치

봄동에 미나리, 실파를 넣고 생국을 함께 넣어서 버무린 것

* 부들김치

부들의 어린 싹으로 담은 것

* 부추김치(엄채저)

부추를 길쭉길쭉하게 썰어 소금물에 절이고 생강, 마늘, 고춧가루, 멸치젓국, 설탕으로 버무린 것. (증보산림경제, 한국민속종합조사보고서)

* 부추깍두기

무 깍두기 한 켜와 부추 한 타래를 켜켜로 담거나 또는 무를 얇게 저며 양념으로 버무리고 그 국물에 부추를 무쳐 엄지손가락 굵기로 타래를 저어 담근 김치, (한국민속 종합조사보고서)

* 부추김치(엄채화법)

반쯤 핀 부추꽃을 소금과 함께 다져서 소금에 절인 오이, 가지와 함께 섞은 것.(증보산림경제)

* 분홍지

무, 열무, 배추 등으로 고춧가루 없이 실고추만을 넣어 국물이 홍건하게 담근 것. (한국민속종합조사보고서)

* 비늘김치

무에 생선비늘처럼 칼집을 내어 소금에 절이고 그 속에 갓 채친것, 미나리 썬 것, 굴, 파, 젓국, 고춧가루로 버무린 소를 넣어 배추잎으로 싼 것. (한국민속종합조사보고서)

* 비지미

무를 깍뚝썰기로 썰지 않고 칼로 이리저리 삐져서 담그므로 비지미라는 이름이 붙은 경상도 깍두기의 일종

* **뽕잎김치**

뽕잎에 파, 마늘, 멸치액젓을 넣고 고춧가루를 넣고 버무린 다음 그릇에 담고 물을 부어 담근 것.

* **뽕잎절임**

늦은 봄에서 이른 여름에 걸쳐 뽕나무 묘목의 연록색 잎을 따서 소금에 절이거나 갖은 양념으로 무친 것.

* **시연지**

배추에 고명과 양념을 화려하게 넣어 담근 경상도 지방의 통배추김치.
(한국민속종합조사보고서)

* **산가법**(蒜茄法)

마늘을 다진 후 소금과 섞은 것에 가지를 넣고 담근 것. (증보산림경제)

* **산갓침채**(산채침채, 산개저법[山芥菹法], 보춘저[報春菹])

산갓을 항아리에 담고 더운물을 붓고 위를 솜으로 덮어 김이 빠져나가지 않게 한 후 미리 담가두었던 나박김치에 섞고 검은장을 섞어 먹는 것. (도문대작, 음식디미방, 규합총서, 산림경제, 증보산림경제, 조선무쌍신식요리제법, 한국민속 종합조사보고서)

* **산개(갓)담침채**(山芥淡沈菜)

(원행을묘정리의궤)에 이름만 1회 기록되어 있음.

* **산법**(蒜法)

배추, 무, 가지, 오이 등을 소금과 마늘 다진 것에 절인 김치의 일종.
(증보산림경제)

* **산초장아찌**

산초 꽃봉오리를 간장에 담가 절인 것. (전통향토음식조사연구보고서)

* **상추겉절이**

상추를 파, 마늘, 간장, 설탕, 고춧가루, 깨소금, 참기름으로 만든 양념장에 버무리거나 양념을 켜켜로 넣어 절인 것. (한국음식)

* **새치김치**

강원도 지방의 김치로서 이면수를 썰어 넣어 담근 것

* **생이침채**

〈원행을묘정리의궤〉에 이름만 1회 기록되어 있음.

* 생선김치

배추, 무, 생선, 미나리를 썰어 파, 마늘, 생강, 소금으로 양념하고, 잣을 띄운 것. (음식디미방)

* 생치침채

오이를 껍질을 벗기고 속을 도려내고 한치 길이로 썰고 꿩도 삶아 같은 크기로 썰어 따뜻한 물에 소금을 넣고 나박김치처럼 담근 것(혹은 기름에 볶아 만든 것, 음식디미방)

* 서거리김치

무와 명태 서거리(아가미)를 양념하여 익힌 것

* 석류김치

무에 석류처럼 칼집을 내고 여기에 백김치 소를 넣어 배추잎으로 싸서 담그는 국물이 많은 것

* 석화침채(石化沈菜, 굴김치)

배추, 무 미나리, 배를 썰어 파, 마늘, 생강, 실고추로 버무릴 때 굴을 많이 넣고 담근 것. (시의전서, 조선요리제법, 조선요리법, 조선무쌍신식요리제법, 한국민속 종합조사보고서)

* 섞박지

배추, 무를 소금에 절였다가 씻어서 썰고 가지, 생동아, 오이를 같은 양으로 준비하고 생복, 낙지, 소라를 적당히 썰어 독에 배추, 무 한켜씩 넣고 젓갈(조기젓, 밴댕이젓, 진어젓)을 한번 깔고 청각, 파, 마늘, 고추를 뿌리고 가지, 오이, 동아를 켜켜로 넣은 후 국물을 붓고 위를 단단한 잎으로 봉해 익히는 것. (경도잡지, 시의전서, 규합총서, 조선요리제법, 조선무쌍신식요리제법, 간편조선요리제법, 이조궁중요리통고, 한국민속 종합조사보고서)

* 소금깍두기(소깍두기)

무를 소금, 고춧가루, 고추씨, 마늘, 파, 생강, 조기젓이나 새우젓 같은 것을 넣고 짜게 버무려 겨울을 보내고 봄에 먹는 막김치. (한국요리제법)

* 송송이

무와 배추를 미나리와 갓, 그 외 여러 가지 양념과 고춧가루를 넣고 버무려 젓국을 부어 간을 맞추어 익힌 김치. (이조궁중요리통고)

* 송이장아찌

송이를 말려 고추장에 절인 것. (전통향토음식조사연구보고서)

* 솎음배추겉절이

솎음배추를 양념에 버무려 즉시 먹는 겉절이

* 수과저(水瓜菹)

오이를 씻어서 광주리에 담아 햇볕에 말려 할미꽃으로 박초(짚이나 출을 엮거나 또아리 같이 말아 독 위에 얹어 누르는 역할을 하는 것)를 만들어 산초를 뿌린 오이와 켜켜로 섞어 독에 넣고 소금물을 끓여 붓되, 익을 때 독 윗면에 거품이 괴어오르면 매일 정화수를 부어 내려서 거품이 일지 않을 때까지 하여 숙성시킨 것. (수운잡방)

* 수삼나박김치

수삼, 오이, 무, 당근으로 국물이 있도록 담근 나박김치

* 숙깍두기

무를 삶아서 파, 마늘, 생강, 고춧가루, 젓국으로 양념하여 담그는 것. (조선무쌍 신식요리제법, 조선요리제법, 한국민속 종합조사보고서)

* 순무김치

순무를 얄팍하게 썰고 밴댕이젓국, 파, 마늘, 고춧가루로 버무려 간 맞춘 것.(한국민속 종합조사보고서)

* 숙김치

무를 소금물에 삶고 절인 배추와 양념과 함께 버무린 후 김치국을 부은 것. (한국민속 종합조사보고서)

* 시금치김치

시금치를 파, 마늘, 고추로 버무린 것. (한국민속종합조사보고서)

* 신건지

동치미와 비슷한데 설 전에 먹는 것

* 쑥김치

소금에 절인 쑥에 파, 마늘, 고춧가루로 양념하여 버무린 것.

* 쑥갓김치

  쑥갓, 배추꼬랭이, 무를 소금에 절였다 헹구어서 파, 마늘, 생강, 젓국, 고춧가루에 버무린것. (한국민속종합조사보고서)

* 숭침저(菘浸菹, 숭침채 : 菘浸菜)

  배추에 청각, 미나리, 소라, 낙지 등과 양념 및 조기젓을 넣어 싱겁게 담근 김치. (원행을묘정리의궤, 시의전서, 진찬의궤, 산림경제)

* 씀바귀장아찌

  어린 씀바귀를 간장(혹은 멸치젓)에 익힌 것. (전통향토음식조사연구보고서)

* 씨도리김치

  씨도리배추로 담은 김치(개성지방의 김치)

* 알무깍두기

  어리고 연한 무청 달린 무를 씻어 소금에 약간 절였다가 파, 마늘, 생강, 막고춧가루, 소금, 새우젓(혹은 멸치젓)에 버무려 익힌 김치. (조선요리제법)

* 양배추김치

  양배추를 절인 후 파, 마늘, 생강, 고추를 넣어 버무리고 국물을 부어 하루나 이틀 익힌 것. (한국민속종합조사보고서)

* 양배추동치미

  양배추로 담근 국물김치로, 한겨울 동치미 맛과는 다른 사철 동치미

* 양파김치

  절인 양파에 고춧가루, 젓갈로 양념한 것.

* 양파깍두기

  양파를 통째 깍두기 양념에 버무려 담근 것.

* 어리김치

  배추나 무를 나박김치처럼 썰어 양념하여 고추물에 버무린 것.
  (한국민속종합조사보고서)

* 어육침채

  배추, 무를 절이고 청각, 파, 물, 생강, 고추, 미나리를 썰어 함께 넣고 어육 달인 물로 간 맞추어 붓고 익힌 것. (규합총서, 시의전서)

* 엄채(나박김치)

〈사류박해〉에 엄채(奄蔡) 또는 나박김치로 표기되어 있다. 재료와 만드는 법은 기록되어 있지 않다.

* 엄채, 침채, 현채

〈역어유해〉, 〈연행록〉, 〈연행기사〉에 기록되어 있음. 재료와 만드는 법은 알 수 없음.

* 엄황과

오이를 끓는 물에 넣었다가 소금을 뿌려 말리고 소금, 설탕, 후추, 회향, 식초, 화초를 오이와 함께 넣고 끓인 것. (요록)

* 얼가리김치

얼가리배추, 미나리를 다듬어 고추, 파 마늘로 양념하고 간장, 식초를 넣어 새큼하게 하여 물을 부은 것. (조선무쌍신식요리제법)

* 열무김치(세청저, 細菁菹)

미나리, 배추, 오이, 열무드을 함께 넣고 양념하여 버무린 후 밀가루를 쑤어 체에 받쳐 부어 익힌 것. (조선요리제법, 조선요리제법, 이조궁중요리통고, 한국민속종합조사보고서)

* 열무장아찌

소금에 절인 열무를 볶아 진간장과 고명으로 무친 장아찌.(조선무쌍신식요리제법)

* 열무물김치

열무를 소금에 절여 파, 마늘, 생강, 고춧가루와 버무리고 여기에 밀가루풀을 맑게 쑤어 물을 넣어 만든 김치국으로 익힌 것. (한국민속종합조사보고서)

* 열젓국지

배추, 무, 미나리를 썰어 고추, 파, 마늘, 생강으로 버무려 젓국으로 간한 것.(시의전서)

* 오이고추장과(오이고추장아찌)

오이(도는 소금에 절인 오이)를 고추장에 박아 절인 것.

* **오이김치**(오이소박이, 외김치, 과저[瓜菹])

오이를 소금에 절여 몸통을 열십자로 칼집을 내어 파, 마늘, 생강, 고춧가루로 버무린 소를 오이 속에 집어넣고 소금물로 간한 것. (산림경제, 조선요리법, 이조궁중요리통고, 간편조선요리제법, 조선요리제법, 조선무쌍신식요리제법, 한국민속 종합조사보고서)

* **오이비늘김치**

오이를 씻어 소금을 켜켜로 뿌리면서 독에 넣어 돌로 눌러 놓았다가 가을에 꺼내어 씻어 칼로 칼집을 내고 소을 넣어 보쌈김치처럼 배추잎 절인 것으로 싸서 배추통김치 사이에 넣은 것. (이조궁중요리통고)

* **오이송송이**

무와 오이를 길쭉하게 썰어 소금에 약간 절였다가 파, 마늘, 생강 다진것, 고춧가루, 새우젓국으로 양념하여 버무려 익힌 것. (규곤시의방)

* **오이숙저**(黃瓜塾菹)

오이를 삶아서 짜게 절였다가 퇴염하여 무동치미에 넣어 먹는 것으로 치아가 없는 노인이 먹을 수 있도록 만든 것. (증보산림경제)

* **오이장아찌**

오이를 소금에 절였다가 된장 또는 고추장에 절인 것.
(전통향토음식조사연구보고서)

* **오이젓무**

오이김치처럼 담그는 것인데 양념으로 새우젓을 두드려 넣어 버무려 익힌 것.(시의전서)

* **오이지**(瓜醎菹)

항아리에 오이를 차곡차곡 담고 끓인 소금물에 넣어 절이고, 절인 소금물을 다시 끓여서 완전히 식힌 다음 붓고, 이틀 후쯤에 소금물을 딸아 내어 다시 끓여서 넣은 다음 일주일 정도 익힌 것.

* **오징어김치**

오징어를 넣고 담근 김치.

* **와동침채**

무를 씻어 소금을 많이 뿌리고 항아리에 담아 물을 부었다가 3일 후 건져 말려 다시 담고 소금물을 끓여 독에 부었다가 익힌 것. (요록)

* 외가지채

외를 잘 씻어 열십자로 가르고 마늘을 잘게 두드려 속을 넣고 짚으로 동여 매어 소금물에 알맞게 담가두고 익힌 것. (주방문)

* 외소침채

오이를 소금에 절여 몸통에 열십자로 칼집을 내어 파, 마늘, 소금, 고춧가루, 고기로 양념한 소를 오이 속에 집어넣고 항아리에 담아 소금 국물을 많이 붓고 다시 파, 마늘로 국물에 양념한 것. (간편 조선요리제법, 조선요리제법, 조선무쌍신식요리제법)

* 용인과저(龍仁瓜菹)

(해동죽지)에 기록되어 있는데 재료와 만드는 법을 알 수 없음

* 용인담과저(龍仁淡瓜菹)

늙은 오이를 항아리에 담고 쌀뜨물과 냉수를 섞은 물에 소금을 타서 항아리에 붓고 절여지면 아래, 위를 바꾸어 놓기를 6, 7회 반복한 것. (증보산림경제, 규합총서, 부인필지, 간편조선요리제법)

* 우엉김치

우엉을 연필 깍듯이 삐져 썰어 쌀뜨물에 삶아 건져 멸치젓, 파, 마늘, 고춧가루로 버무린 것. (한국민속 종합조사보고서)

* 원추리김치

원추리의 연한 잎으로 담근 김치. (강원도 지방의 김치)

* 육상궁김치

방아다리 배추로 담근 김치. (서울지방김치) 방아다리 배추는 속이 많고 빛깔이 희며 힘줄이 적어 감칠맛이 있음.

* 육저(肉菹)

고기를 넣어서 담근 김치. (증보산림경제)

* 잡근저(雜芹菹)

〈농가십이월속시〉에 기록되어 있음. 재료와 담그는 법은 알 수 없음

* 잡저(雜菹)(섞박지)

무, 배추를 썰고 소금으로 절여 마늘, 파, 고추, 겨자로 버무린 것. (경도잡지, 동국세시기, 조선세시기, 만국사물기원역사)

* 장김치(장저[醬菹], 장침채[醬沈菜])

무, 배추를 얄팍하게 썰어 간장에 절이고 청각, 미나리, 버섯, 배, 밤, 전복, 해삼을 썰어 넣고 파, 마늘, 생강, 설탕으로 양념하여 버무린 후 간장에 물을 섞어 만든 김치 국물을 흥건하게 부은 것. (동국세시기, 조선세시기, 시의전서, 진연의궤, 간편조선 요리제법, 조선요리법, 조선요리제법, 조선무쌍신식요리제법, 이조궁중요리통고, 한국민속종합조사보고서)

* 장제김치

무를 나박김치 감으로 썰어 장제젓과 대구알을 터트려 넣고 고춧가루로 빨갛게 버무린 후 파, 마늘, 생강, 볶은 깨를 넣어 담근 김치.

(한국민속종합조사보고서)

* 장짠지

오이와 배추를 살짝 데쳐 간장에 절인 후 갖은 양념을 넣고 진간장을 부어 익힌 것.(간편 조선요리제법)

* 전복김치

전복을 얇게 저며놓고 유자, 배를 채 썰어 전복을 주머니처럼 만들어 그 속에 오므려 넣고 무, 파, 생강은 전복 오므린 것과 함께 항아리에 담고 소금으로 간 맞춘 것. (규합총서, 조선요리제법, 한국민속종합조사보고서)

* 젓국지

배추를 절여 배추잎 사이사이에 갓, 청각, 미나리, 배, 낙지, 무, 북어, 전복, 조기젓, 파, 마늘, 생강, 고춧가루로 양념한 것을 넣고 잘 오므려 섞박지 버무린 것과 섞어 담은 후 조기젓국을 끓여 부은 것.

(간편 조선요리제법, 이조궁중요리통고)

* 젓무

무를 볕에 말려 무 20개에 진장 한동이 비례로 붓고 어육을 삶아 저며 놓고 파, 마늘, 생강, 청각, 갓, 미나리를 썰어 놓고 돼지고기는 덩이로 넣어두고 우거지로 잘 덮어 돌로 눌러서 익힌 것.

(시의전서, 조선무쌍신식요리제법)

* 조가법(糟茄法)

가지를 술지게미, 소금에 술이나 백비탕 식힌 것을 섞어서 담갔다 말린 후 다시 술, 술지게미, 소금을 함께 섞은 것에 담가 익힌 것. (증보산림경제)

* 조강법(糟薑法)

어린 생강을 술지게미, 소금에 술이나 백비탕 식힌 것을 섞어서 담갔다 말린 후 다시 술, 술지게미, 소금을 함께 섞은 것에 담가 익힌 것. (증보산림경제)

* 조개깍두기

배추, 무를 납작하게 썰어 소금에 절였다가 헹궈 파, 마늘, 생강, 소금, 고춧가루, 새우젓으로 양념하여 버무릴 때 무명조개를 썰어 놓은 것. (조선요리법)

* 조산법(糟蒜法)

술지게미, 소금에 술이나 백비탕 식힌 것을 섞어서 마늘을 담가 익힌 것. (증보산림경제)

* 조염(糟鹽)

무, 죽순, 부추, 가지 등을 소금과 술 또는 술지게미에 절인 것. (증보산림경제)

* 조이김치

무, 배추를 납작하게 썰어 양념으로 버무려 먹는 김치. (한국민속종합조사보고서)

* 죽순김치

죽순을 데쳐서 김치를 담그며 젓갈을 전혀 쓰지 않고 과일을 부재료로 넣으며 절에서 많이 담가먹던 김치.

* 죽순지방

죽순을 소금과 맵쌀밥, 엿기름에 섞어 버무려 익힌 것. (증보산림경제)

* 죽순짠지

죽순을 절였다가 퇴염해서 동치미에 섞어 절인 것. (증보산림경제)

* 중갈이 김치

제철이 아니더라도 언제든지 씨를 뿌려서 먹게 되는 무나 배추로 담근 김치.

* 즙저(汁菹)

콩, 밀기울을 삶아 방아에 찧어 닥나무잎으로 싸서 띄운 후 소금, 물로 반죽하여 항아리에 한 겹 담고 가지, 외를 한 켜 놓고 또 한 겹 담아 항아리를 단단히 싸서 말의 분변 속에 7일간 묻어 두었다가 사용하는 것. (역주방문, 수운잡방)

* 지렴김치(질엄김치)

배추통김치와 같은데 겨울김치가 익기 전에 먹으려고 담그는 김치. (조선무쌍신식요리제법, 조선요리제법)

* 지이고추(절인 풋고추, 짓고추)

풋고추를 그대로 소금에 절인 것. (한국민속 종합조사보고서)

* 짐들김치

재래종 무를 소금에 절였다가 항아리에 담고 채 썬 파, 마늘, 생강을 깨끗한 주머니에 담아 무 사이사이에 넣어 약간 짜게 한 소금물을 부어 익힌 김치. (한국민속종합조사보고서)

* 짜게김치

오이를 알맞게 썰어서 속을 넣지 않고 담근 김치

* 짠무김치(짠김치)

굵직한 무에 소금을 뿌리면서 독에 담아 다 절여지면 밑에다 다른 무를 더 집어 넣고 위에 짚을 덮고 돌로 눌러 놓은 후 짜게 소금물을 만들어 끓여 식혀 부은 것. (조선요리법, 한국민속종합조사보고서)

* 쪽파김치

쪽파를 소금물에 살짝 절여서 강회처럼 만 것을 멸치젓, 마늘, 고춧가루를 버무려 꼭 눌러 익힌 김치. (한국민속종합조사보고서)

* 쪽파젓김치

족파를 소금에 절여서 양념하고 젓갈(혹은 간장)로 버무린 김치.

* 참나물 김치

참나물로 담근 김치.

* 참외장아찌

덜 익은 참외를 절단한 후 부분 건조하여 소금 및 고추장에 절인 것.

* 창란젓깍두기

무를 깍뚝썰기로 썰어 소금에 절여 파, 마늘, 생강으로 양념하여 고춧가루로 버무릴 때 창란젓을 넣어 감 맞춘 것. (한국민속종합조사보고서)

* 창포김치

봄철에 창포로 담근 김치. (증보산림경제)

* 천초장아찌

초피나무의 풋열매를 간장에 절인 것

* 채김치

배추, 무를 소금에 절였다가 채치고 갓, 파, 마늘, 실고추를 넣고 버무려 조기젓국으로 간한 것. (조선요리제법)

* 채깍두기

무를 채쳐서 깍두기 담그듯 한 것. (조선무쌍신식요리제법)

* 채칼김치

무를 채 썰어 소금에 절였다가 꼭 짜서 고춧가루, 마늘, 생강으로 버무리고 동태, 대구살을 썰어 넣은 것. (한국민속종합조사보고서)

* 청각김치

데친 청각과 김에 양념하고 국물을 부은 김치

* 청경채 소박이

청경채 사이사이에 무채 양념한 김치속을 넣어 익힌 것.

* 청교침채법(靑郊沈菜法)

순무를 깨끗이 씻은 후 소금을 뿌리고, 잠시 후 다시 씻고 앞에서와 같이 소금을 뿌린 다음 남은 우거지와 향채를 고르게 덮어 익힌 것. (수운잡방)

* 청묘지(청아지)

무순으로 담근 김치

* 총각김치

총각무를 소금에 절여서 버무리 김치처럼 양념하여 담근 것. (한국민속 종합조사보고서)

* 총침채(葱沈菜, 총저[葱菹], 파김치)

파를 깨끗이 씻어서 거칠은 바깥 껍질을 벗겨 다듬고 잔뿌리는 그대로 두어 독에 담아 손으로 고르게 눌러서 물을 독에 가득 채우고 이틀에 1번 물을 갈아 익힌 것. (수운잡방)

* 치저(雉菹)

생치와 정이 오이 그리고 생강을 가늘게 썰고 이를 섞어 간장에 다른 양념과 함께 넣어 끓인 것. (수운잡방)

* 침나복(沈羅葍)(무김치)

무에 소금을 뿌려 하룻밤 재웠다가 이를 씻은 다음 다시 소금물에 담금한 것.(수운잡방)

* 침동아구장법(沈東瓜久藏法)

동아를 크게 썰어 소금에 절여서 장장하면서 먹는 것. (수운잡방)

* 침백채(沈白菜)

머위(白菜)를 하룻밤 재웠다가 씻은 후 다시 소금물에 절인 것. (수운잡방)

* 침나복함저법

무를 썰어 청각, 오이, 호박, 고춧잎, 동아, 미나리와 켜켜로 항아리에 담고 켜마다 소금과 소금물을 뿌리고 천초, 부추, 마늘로 양념한 것. (증보산림경제)

*침동아

늙은 동아를 길게 썰어서 껍질을 벗기고 소금을 많이 넣어서 항아리에 담고 뚜껑을 봉해서 서늘한 곳에 두었다가 소금기를 물에 우려내고 쓰는 것. (요록)

* 케일김치

젓국, 고춧가루, 쌀풀, 파, 마늘로 양념하여 익힌 것.

* 콩나물김치

살찐 콩나물을 끓는 물에 살짝 데쳐서 차게 식힌 다음 파, 실고추, 마늘을 넣고 버무려 살짝 익힌 것. (한국민속종합조사보고서)

* 콩밭무김치

콩밭무, 오이, 밀가루나 쌀가루를 섞어서 담근 것.
(한국민속종합조사보고서)

* 콩잎김치

콩잎에 물을 부어 삭힌 후 멸치젓, 마늘, 생강, 고춧가루, 간장 섞은 물에 한 잎씩 적셔 항아리에 담고 돌러 물러 익힌 것. (한국민속종합조사보고서)

* 콩잎장아찌

콩잎을 된장에 박아 익힌 것.

* 토마토 소박이

푸른 토마토에 칼집을 넣은 자리에 양념을 넣고 담근 김치.

* 토란경침조(土卵莖沈造)

토란줄기를 가늘게 썬 것에 소금을 뿌려 익힌 것. (수운잡방)

* 토읍침채(土邑沈菜)

정이월에 참무를 깨끗이 씻어서 껍질을 벗기고, 큰 것은 갈라 토막내어 조각으로 만들어서 독에 담은 후 소금물을 넣어 익힌 것. (수운잡방)

* 톳김치

제주도 톳에 멸치젓국, 고춧가루, 양념을 넣어 버무린 김치.

* 파김치, 총저

파김치는 파를 길쭉하게 썰고 소금에 잠시 절였다가 고춧가루, 생강, 마늘, 젓갈로 버무린것. (조선무쌍신식요리제법, 한국민속종합조사보고서)

* 파래김치

생파래를 멸치젓국에 담그었다가 간장, 고춧가루, 마늘, 깨소금으로 무친것.(한국민속종합조사보고서)

* 파젓김치

파, 배, 무, 미나리를 길쭉하게 썰고 생강, 마늘을 채 썰어 함께 버무리면서 소금, 멸치젓, 고춧가루, 통깨를 넣고 간을 맞춘 것.
(한국민속종합조사보고서)

* 파짠지(파장아찌)

파, 들깻잎, 풋고추 등을 소금물에 절여 삭혔다가 건져서 젓국, 고춧가루, 파, 마늘, 생강에 버무린 것. (한국민속 종합조사보고서)

* 포도잎절임

포도에 쌀죽, 젓갈, 양념으로 버무려 익힌 것.

* 풋고추김치

풋고추 속씨를 빼고 그속에 양념을 넣어 항아리에 담고 맛있는 젓국을 고추가 잠기도록 부어 담근 김치. (한국민속종합조사보고서)

* 풋고추장아찌

풋고추를 소금물(또는 식초)에 담가 삭힌 후 된장(또는 간장)에 절인 것.

* 풋김치

배추나 열무를 씻어 절여 고추, 파, 마늘, 생강을 넣고 버무려 소금이나 젓국으로 간 맞춘 것. (조선무쌍신식요리제법, 조선요리제법)

* 풋마늘 겉절이

풋마늘을 굵은 것은 쪼개어 썰어 간장, 설탕, 깨소금, 참기름을 넣고 버무린 것.(한국민속종합조사보고서)

* 평토깍두기

깍두기를 짜게 담아 땅에 묻었다가 이듬해 여름에 꺼내 먹는 것.

* 해물김치

도토리묵과 동태를 토막내어 고춧가루 물을 들이고 무도 나박김치처럼 썰어 고춧가루 물을 들이고 마늘, 생강, 파, 미나리, 소금과 서로 버무린 것. (조선무쌍신식요리제법)

* 해조김치

미역줄기, 생도라지, 더덕에 젓갈, 고춧가루, 양념을 하여 익힌 것.

* 햇깍두기

무를 주사위 모양으로 깍뚝썰기하여 설탕에 절여 두었다가 파, 마늘, 젓국, 고춧가루를 넣어 양념한 것. (조선무쌍신식요리제법)

* 향개침채

무, 미나리, 순무, 승검초(당귀잎)로 나박김치처럼 김치를 담그고 산갓을 씻어 더운물을 붓고 김이 새지 않게 덮어둔 후 꺼내 먼저 담았던 김치에 섞어 간장을 타 먹는 것. (시의전서)

* 향과저(香瓜菹)

어린 오이를 부분 건조하여 적당하게 쪼갠 후 그 속에 향신료를 넣은 다음 이를 항아리에 담고 간장과 기름을 가하여 담근 것. (수운잡방)

* 호박김치

늙은 호박을 나박김치처럼 썰어 소금에 절이고 무청, 고춧가루, 새우젓, 파, 마늘, 생강으로 버무린 것. (한국민속종합조사보고서)

* 호박게국지

호박, 무청, 배추, 새우, 능쟁이를 섞어 양념해서 담근 김치

* 황과저(黃瓜菹)

오이를 씻어 한 켜 담고 파, 마늘, 생강, 고추, 부추 다진 것을 한 켜 담고 번갈아 담은 뒤 땅 두릅 잎사귀로 덮고 소금물을 짜게 만들어 부은 것. (산림경제, 증보산림경제)

* 후추잎장아찌

후추나무 잎을 따서 간장에 절여 익힌 것. (전통향토음식조사연구보고서)

Section 06 김치의 다양한 재료

1. 김치 재료의 중량환산표

배추 1포기 = 2.5kg

마늘 1통 30g, 1T=13g

고춧가루 1컵(200g, 1C) =105g, 1T=8g

멸치액젓 1컵 =210g

생강 1톨 =30g

무 1개 =1kg

파 1단 =500g

굵은소금 1컵(200g) =165g, 1T=12g,

가는소금 1컵(200g) =180g, 1T=14g,

설탕 1T = 15g

2. 계절에 맞는 재료 선택

계절에 따라 풀을 쓸 것인가, 어떤 젓갈을 사용할 것인가를 결정해야 한다. 또 마늘, 생강, 파, 미나리, 갓, 부추 등도 계절에 따라 사용할 종류와 분량을 선택해야 한다. 가을에서 겨울까지가 배추와 무가 가장 맛있으나 봄, 여름에는 수분이 많아 맛이 싱겁다.

봄부터 여름까지의 김치는 얼가리, 열무를 같이 섞어 사용하면 좋다. 봄에는 약간의 맑은 젓을 사용하나 여름으로 갈수록 젓갈은 넣지 않고 생 홍고추를 굵게 갈거나 다져 넣고 국물도 자작하게 잡으면 좋다.

3. 좋은 재료 고르기

김치 담그기는 쉬워도 맛있는 김치 담그기는 쉽지 않다. 재료를 좋은 것으로 잘 고르고, 알맞게 절이고 간이 맞은 양념으로 버무려 적당히 숙성을 시켜야 맛있는 김치가 탄생한다.

(1) 배추

배추는 품종에 따라 차이가 있기는 하지만 2.5~3kg 정도의 중간 크기 배추로 겉잎은 파랗고 안으로 갈수록 연한 백색이며 노란빛을 띠어야 달고 고소한 맛이 난다. 속이 너무 꽉 찬 것은 배추 특유의 향도 덜하고 고소한 맛이 없음으로 80% 정도만 결구(잎 끝이 속으로 단단히 모아져서 자란 것)가 된 것을 골라야 한다.

배추손질은 조금 작은 듯한 배추를 고르고 1/2쪽으로만 나눠서 담그는 것이 모양이나 맛이 좋다. 누렇게 된 겉잎을 떼어내고 푸른 잎은 거칠지만 영양성분이 많은 부분이기 때문에 모두 살려서 쓴다.

밑둥에 칼을 넣어 배추 전체 크기의 1/3 지점까지 칼집을 넣은 다음 손으로 벌려 쪼개야 배추조각이 덜나고 부스러기가 적다. 배추를 잘랐을 때 처지면 오래된 것이고, 배춧잎이 고불고불하면 자란 시간이 길어 배추가 맛이 없다. 김치를 통에 담아 우거지를 덮어 보관해서 익을 때 공기접촉이 없어야 맛있게 익으므로 우거지용 겉잎은 따로 모아 절여둔다.

(2) 무

무는 1kg정도의 중간크기, 모양이 매끈하고 잔털이 많지 않으면서 너무 길쭉하지 않고 가운데가 동그란 것으로 묵직하고 단단한 것으로 골라야 수분이 적당하고 심이 배겨 있지 않다. 몸이 쭉 고르고 윤기가 있으며 표면에 가로 줄이 있는 것이 단단하고 좋다.

김장철 무는 특별히 산지를 따질 필요가 없지만 겨울부터 5월까지는 제주산 무를 골라 쓰는 것이 좋다. 달고 아삭아삭한 맛을 내기 때문이다. 6월과 7월에는 맛도 없고 귀한 때라 아예 김치에 무를 넣지 않는다. 8월부터 초가을까지는 고랭지 무를 쓴다. 무는 시든 잎을 먼저 떼어내고 무청이 달린 끝부분을 잘라낸 다음 칼로 다듬고 잔털을 없앤다. 씻을 때 솔로 문지르면 되므로 칼로 껍질을 긁어낼 필요는 없다.

(3) 총각무

총각무는 무크기가 너무 크지 않고 단단한 것, 새파란 무청이 많이 달린 것이 좋다. 무의 모양이 매끄럽고 모나지 않고 무청이 달린 끝부분이 송이버섯 모양으로 굵은 것이 토종 총각무로 수분이 많고 맛이 달며 아삭거린다. 다듬을 때에는 잔털을 다듬고 무청 끝부분의 누런 부분만 잘라낸 다음 칼로 긁어내고 무와 무청사이의 지저분한 부분을 칼로 도려내고 씻는다.

(4) 열무

열무는 잎을 주로 먹는 채소로, 줄기가 굵고 잎 색깔이 짙푸른 것으로 길이는 30cm 정도가 좋다. 잔털이 가시처럼 조금씩 나 있는 것이 싱싱하며, 전체적으로 크기가 작고 연한 것을 골라야 한다. 중간 크기의 짤막하고 통통하며 곧은 뿌리로 된 콩밭 열무가 가장 맛이 있다. 열무는 물이 많고 연한 재료라 조심해서 다루어야 풋내가 나지 않는다. 씻을 때도 통에 물을 받아놓고 열무를 담가 살짝 흔들어 헹구듯이 씻어 소금물에 잠깐 동안만 절이고 곧바로 씻어 헹궈야 맛있다.

(5) 얼갈이

얼갈이는 잎이 작은 것은 물김치나 열무김치 담을때 같이 담고, 잎이 넓고 속이 찬 얼갈이는 주로 배추김치처럼 담가 먹는다. 얼갈이는 다듬을 필요가 없을 정도로 깨끗해서 너무 크고 누런잎만 떼내고, 찬물에 가볍게 씻어 소금물에 밑둥부터 세워서 절이다가 중간에 뉘어서 잎까지 절여 씻어서 사용한다.

(6) 순무

순무는 특유의 맵싸한 향미를 잘 살릴 수 있는 섞박지나 물김치를 담그면 좋다. 순무는 수분이 적고 빨리 절여지므로 시간을 짧게 해서 절여야 한다. 보라색 껍질이 선명하고 향이 진한 것으로 골라 잔털을 제거하고 밑둥의 지저분한 부분을 칼로 도려낸 다음 흐르는 물에 씻어 건져 물기를 빼서 쓴다.

제철 순무는 연한 속잎이 있으므로 따로 잘라두었다가 양념 버무릴 때 넣으면 맛있다. 저온창고에 보관해둔 순무에는 잎이 달려있지 않다. 납작납작하게 썬 순무에 소금을 뿌린 다음 1시간 정도 절였다가 채반에 건져 물기를 뺀다.

순무는 일반 무에 비해 수분이 많지 않으므로 절이더라도 물이 그다지 많이 빠지지 않는다. 나박김치를 담아 놓으면 색이 곱다.

(7) 갓

맛이 담백한 청갓은 시원하고 깨끗한 맛을 내므로 동치미나 백김치 같은 맑은 김치에 쓰고, 홍갓은 무기질과 영양이 푸른 갓보다 풍부하며 색이 진해서 통배추를 비롯한 다양한 김치의 양념소로 주로 사용한다. 여수에서 나는 돌산갓은 향이 진하고 쌉쌀한 맛이 입맛을 돋우는 별미김치로 만들어 먹으면 맛있다. 갓은 줄기가 길고 연한 것을 고르고 잎이 너무 크고 줄기가 억센 것은 피해야 한다. 누런 겉잎을 떼고 뿌리를 다듬어 씻고, 살짝만 절여서 양념에 버무려야 수분이 남아있어서 먹을 때 질기지 않다.

(8) 미나리

미나리는 주로 잎이 싱싱하면 데쳐서 나물로 무쳐서 먹고 김치에는 줄기만 넣어야 깔끔하다, 줄기가 너무 굵으면 맛이 싱겁고 너무 가늘면 질기므로 적당히 통통한 것을 선택한다. 미나리는 논이나 밭 옆에 물이 고이는 곳에서 자라는 까닭에 거머리가 많아서 찬물에 식초를 떨어뜨려 담가 두었다가 씻어서 쓴다.

(9) 쪽파

쪽파는 하얀색 뿌리 부분이 통통하고 동그스름하면서 알이 단단하고 맛있는 조선쪽파가 좋다. 잎 길이는 짧은 것이 좋으며 너무 가늘지 않은 것으로 골라야 적당히 매우면서도 감칠맛이 난다. 다듬을 때는 뿌리를 자른 다음 흙 묻은 껍질을 벗겨내고 흐르는 물에 양손으로 비벼가며 씻어서 물기를 뺀다.

파는 살균, 살충의 효과가 있으며 유기산, 유기엽 등의 효소를 많이 함유하고 있어서 체내 비타민 B_1의 흡수를 돕는다. 또 파의 녹색부분은 비타민 A와 C를 많이 함유하고 있다.

(10) 부추

부추는 잎이 통통하고 누런 잎이 없는 것으로 골라 손으로 비벼가며 지저분한 껍질을 벗겨내고 통에 물을 담아 살살 비벼 씻어야 풋내가 나지 않는다.

(11) 오이

오이는 청오이 보다는 백오이를 많이 쓴다. 길이가 너무 길지 않고 표면에 가시가 검은색이고 따가울 정도로 아픈 것이 싱싱한 것이다. 오이소박이를 담글 때는 너무 통통하지 않고 특히 씨가 없는 것으로 골라야 쉽게 무르지 않는다. 오이도 절일때 소금을 뿌려 절이는 것보다는 소금물에 충분히 담궈 절이는 것이 고루 절이는 요령이다.

(12) 고들빼기

혀 끝에 쌉쌀하게 도는 맛이 특징, 뿌리가 굵고 길며 잎이 까슬까슬한 것이 좋다. 고들빼기는 잎이 짧고 뿌리가 통통한 것을 골라야 고들빼기 특유의 쌉쌀한 맛이 잘 살아 있다. 김장철에 나는 것이 향이 진하고 고소한 맛이 나며 봄에는 연하고 담백하다. 뿌리가 가늘고 잔털이 많은 것은 싱거우므로 살펴서 구입한다.

(13) 고추

고추는 색깔이 진하고 윤기가 나는 선홍색을 띠는 것이 좋다.

껍질이 두껍고 꼭지가 단단하게 붙은 것이 좋으며 반으로 갈랐을 때 곰팡이가 슬지 않고 씨가 적고 속심이 붉은 빛을 띤 노란색이 좋다. 조선 고추는 작은 호고추에 비해 껍질이 얇으며 씨가 많고 매운맛이 강하여 김치를 담궜을 때 개운한 맛이 난다.

호고추는 매운맛이 적은 대신 단맛과 향기가 좋고 껍질이 두꺼워 가루가 많은데 안동지방에서 많이 나고, 영양 고추는 매우면서도 단맛이 나며 고소해서 상품으로 치는데 너무 매워 호고추와 혼합해서 사용한다. 색이 검붉으며 윤기가 나지 않고 꼭지는 검푸른 빛이 나고 매운맛이 적은 화건 고추보다 빛깔이 곱고 선명하며 윤기가 나는 태양초가 좋다. 잘 마른 태양초는 투명하고 고추씨가 보인다.

마른 고추를 김치 담글 때마다 믹서에 갈아서 쓰면 입자도 굵고 훨씬 더 맛있다. 여름에는 붉은 물고추를 갈아서 고춧가루와 섞어 쓰면 좋다. 김치 담글 때 고춧가루는 너무 고운 것을 사용하면 텁텁한 맛이 나므로 거친 것으로 사용해야 한다.

(14) 고춧가루

거친 굵은 고춧가루와 중간 고춧가루, 고운 고춧가루를 구분해서 준비해두고, 일반김치에는 굵은 고춧가루와 중간 고춧가루를 미리 우려낸 육수나 풀에 불려서 사용해야 김치 색이 좋다. 고운 고춧가루는 나박김치나 국물김치에 쓰는데 면보자기에 싸서 국물에 흔들어 짜서 써야 건더기 없이 고운 고춧물을 낼 수 있다.

(15) 고추씨

고추씨는 전라도 김치에 주로 들어가는 독특한 재료로 묵은지와 돌산갓김치, 쪽파김치, 고들빼기 김치 등 걸쭉한 김치에 넣으면 고춧가루만으로 낼 수 없는 칼칼한 맛이 살아나기 때문이다. 고춧가루를 쓸 수 없는 백김치에도 고추씨를 넣으면 색깔은 그대로 살리면서 매콤한 맛을 낼 수 있다.

가을에 김장용 고추를 손질해 빻을 때 고추씨를 따로 받아두었다가 냉장실에 보관해 두고 쓴다. 가을에 고춧가루를 빻을 때 깨끗한 고추씨를 받아 놓고 백김치나 묵은지 등에 넣으면 칼칼하고 시원한 맛을 내준다.

(16) 마늘

김치에 쓰는 마늘은 알이 크지 않고 단단한 한지형 마늘, 6쪽 마늘이 좋은데 쪽과 쪽 사이의 골이 뚜렷하고 몸이 단단하며 껍질의 섬유질이 선명하고 뿌리가 붙어 있는 것이 좋다. 장마 전에 구입하여 바람이 잘 통하는 그늘에 보관해 두고 사용하는 것이 좋다.

마늘은 살균력이 높은 allyl sulfide 라는 자극성 물질을 가지고 있어서 항균작용을 한다. 마늘의 allicin은 체내 비타민 B_1의 흡수를 촉진시켜 몸의 저항력을 길러준다. 마늘을 너무 많이 사용하면 누린내가 난다. 익지않은 생김치로 먹을 때에는 넉넉하게 넣어도 된다.

김치를 담을 때는 다지거나 빻아서 쓰며 대부분은 젓갈, 생강 등과 같이 갈아서 쓰고, 국물김치에는 편으로 썰어 배주머니에 넣고 맛을 우려내야 국물이 맑다.

(17) 생강

굵기가 크면서도 섬유질이 적은 재래종 생강 색깔은 노란색을 띠는데, 쪽이 굵고 굴곡이 적은 것이 좋다. 생강을 김치에 넣을 때에는 마늘의 1/4 정도를 넣는 것이 좋다. 생강의 gingerone, shogaol 등은 특유의 매운맛 성분으로 향기와 매운맛을 내며 citral linalool은 향기 성분이다.

생강은 전분질의 소화를 돕고 호흡작용을 촉진하는 효과가 있다. 하지만 많이 넣으면 김치에 쓴맛이 난다. 대부분 갈아서 사용하지만 국물김치에는 마늘처럼 편으로 썰어 배주머니에 넣고 맛을 우려내거나 맑은 즙만을 내어 쓴다.

(18) 청각

청각은 바다에서 바위에 붙어 사는 해초를 말린 것으로 마치 사슴 뿔 처럼 생겼다고 해서 '청각채' 또는 '녹각채'라고 한다. 다시마와 비슷한 향이 나며 촉감이 매끄럽고 칼슘과 인이 풍부하다. 김치에 넣으면 젓갈의 비린내를 완전히 없애고 마늘 냄새 등을 중화시키는 역할을 해서 김치맛을 더욱 좋게 한다.

청각은 씹었을 때 바다향내가 물씬 풍기며, 씹는 맛도 좋다. 물에 불린다음 씻어서 물기를 꼭 짜서 잘게 썰어 넣으면 김치의 탄산미를 내어 시원하게 하고 찡한 맛을 내며 향이 좋다. 나물처럼 초양념에 무쳐 먹기도 한다.

(19) 소금

굵은소금(호렴)은 김치를 절일 때 주로 사용하는데 간수를 빼서 수분 없이 건조한 보슬보슬한 것이 좋으며 3년정도 묵힌 소금이 좋다. 간을 맞출 때는 굵은 소금을 볶거나 곱게 빻아서 쓰는 게 좋다. 재재염(꽃소금)은 김치의 간을 할 때 주로 사용하고, 절일때 사용하면 배추가 쉽게 무르거나 쓴맛이 난다.

(20) 젓갈류

젓갈류는 김치의 풍미를 돋구어 주는 식품으로 각 지방의 김치종류 및 계절에 따라 다르게 사용되며 독특한 맛을 낸다(아미노산, 젖산발효). 중부지방은 새우젓을 추운지방에서는 삭은 젓갈을 사용하고 더운 남부지방에서는 달여 사용하거나 젓의 맑은 국물만을 사용하여 김치의 맛 뿐 만아니라 단백질, 칼슘 등 김치에 부족되기 쉬운 영양분을 보충해준다. 유산균이 살아 있는 젓국을 사용해야만 오래 둘수록 톡 쏘는 맛이 나고 영양도 풍부하다.

① 새우젓은 5월에 담는 오젓과 6월에 담는 육젓, 가을에 담는 추젓이 있는데 육젓이 가장 좋다. 김치에 넣을 때는 곱게 다지거나 믹서에 갈아 쓰고, 백김치나 국물김치는 면보에 걸러서 즙만 사용한다.

② 멸치젓은 5월 산란기에 잡은 알배기 멸치로 담근 것이 최상품이며, 2년 이상 숙성시켜야 비린 맛이 없고 감칠맛이 돌아 김치맛을 담백하게 한다. 김치에는 건더기를 곱게 다지거나 물을 넣고 달여서 국물만 내린 액젓을 사용한다. 멸치액젓은 맑고 맛이 달고 담백하여 국간장 대용으로 쓰기도 한다.

③ 황석어젓은 조기 새끼로 담은 젓으로 조기젓과 함께 중부지방에서 많이 사용되는 젓갈로 김치의 맑은 맛을 낸다. 멸치젓처럼 달여서 맑은 국물만 받아 쓰면 비린 맛이 적고 시원한 김치맛을 내준다. 잘 삭은 황석어젓은 잘게 썰은 청양고추를 넣고 무쳐서 밑반찬으로 먹기도 한다.

④ 조기젓은 조기가 많이 잡히지 않아 귀하게 쓰여지지만 예전에는 많이 사용하던 젓갈로 5월 알밴 조기로 담근 조기젓을 최상품으로 친다. 조기젓은 만 2년 이상 숙성시켜야 비린 맛이 적다. 황석어 젓갈과 같이 고추, 마늘을 다져 넣고 무쳐 먹거나 졸여서 밑반찬으로 먹어도 맛있다.

⑤ 갈치속젓은 중간크기 갈치의 창자만을 따로 모아 곰삭혀 만든 젓갈로 맛이 진해 깊은 맛을 살려야 하는 김치에 주로 넣는다. 숙성이 덜되면 비린맛이 많이 나므로 3년 삭힌 뒤 국물이 맑은 것을 사용하면 많이 사용해도 색이 검어지지 않고 깊은 맛이 난다. 여름철보다는 겨울철에 담그는 김치에 어울리는 재료로 건더기째 곱게 다져서 쓴다.

⑥ 밴댕이젓

무를 사용한 김치에 잘 어울리는 젓갈로 손바닥 길이 정도인 밴댕이를 삭혀서 만드는데, 특히 강화 순무김치에 많이 사용한다. 기름기가 없어 맛이 담백하고 깔끔하다. 김치에 다져서 넣기도 하지만 매운 청양고추와 마늘을 다져 넣고 무쳐서 밑반찬으로 먹기도 한다.

⑦ 곤쟁이젓

강화지역에서 나는 작은 새우로 만든 젓갈, 보라색이 도는 작은 새우로 만드는데 쌉쌀하면서도 특유의 향이 있어 독특한 맛을 낸다. 워낙 가격이 비싸고 맛이 독특해 다양하게 쓰이지는 않지만 궁중에서 먹었다는 감동젓무라는 무김치는 곤쟁이젓이 들어가야만 제대로 된 맛을 낸다. 김치에 넣을 때 건더기는 쓰지 않고 손으로 꼭 짜서 국물만 넣는다.

⑧ 멍게젓

멍게가 제철인 6~7월에 넉넉하게 사서 멍게젓을 담근다. 다른 젓갈처럼 소금을 많이 넣어 1년 이상 숙성시키지는 않고 멍게김치에 넣기 위해 소금을 뿌려 살을 절이는 정도로 만드는 것, 통통한 멍게살에 10:4 정도의 비율로 소금을 넣어 절인 다음 냉동고에 보관해두고 쓴다. 멍게 껍질에서 받아낸 멍게 국물을 넣어 김치를 담그면 특유의 향이 더 잘 살아난다.

(21) 생새우와 새우가루

김치에 생새우를 갈아서 양념에 버무려 담그면 김치에서 윤이 나고 시원한 맛이 있는데 빨리 시어지는 단점이 있으므로 여름 김치와 겨울 김치 중에서 음력설이 지나고 먹는 것에는 넣지 않는다. 생새우를 구하기 어려울 때는 잘 마른 꽃새우를 믹서에 곱게 갈아서 사용하면 감칠맛이 난다.

(22) 참깨와 흑임자(검은깨)

소를 버무릴 때 마지막에 넣어주는데 갈아서 쓰면 지져분하고, 텁텁해지므로 통깨로 넣는다. 일반적으로 참깨를 쓰지만 검은깨를 쓰면 색이 더욱 선명한게 맛이 더 산다.

(23) 배

설탕이나 인공감미료 대신 넣어 단맛을 내는 재료로 국물김치에는 깨끗이 씻어서 껍질째 큼직하게 썰어 씨만 제거해서 넣고 자연스럽게 단맛이 우러나도록 한다. 양념소에 넣을 때는 껍질을 벗기고 씨를 제거한 다음 큼직하게 토막을 내어 믹서에 갈아서 넣는다. 과즙이 많고 당도가 높은 배는 모양이 잘 생긴 것보다 못생긴 것이 맛이 좋다고 한다.

배의 당분은 과당이 대부분이고 포도당은 적으며, 효소가 많은 편이어서 소화를 돕는 작용을 한다. 배즙을 김치국물에 갈아 넣으면 시원하고 톡 쏘는 맛이 나기 때문에 주로 국물있는 김치에 넣는 것이 좋다. 특히 동치미에는 껍질째 씻어 맛이 잘 우러나도록 구멍을 내서 넣는다.

(24) 대파

수분이 많고 살균효과가 있는 대파는 녹색 줄기에 비타민이 많고 끈적거리는 점성이 있다. 김치를 담글 때 넣으면 김치가 미끈거릴 수 있기 때문에 대체로 파잎은 쓰지 않고, 흰 대만 사용한다. 잎이 싱싱하고 통통하게 살이 오른 것을 고르고 뿌리 쪽의 흰 부분이 많고 윤기가 돌면서 부드러운 것이 좋다. 뿌리를 깨끗이 잘라내고 바싹 마른 얇은 겉껍질을 벗겨서 다듬은 후 물에 깨끗이 씻어 사용한다.

(25) 도라지

초롱꽃과에 속하는 다년생초로, 도라지 뿌리는 비타민과 무기질의 공급원으로 식용은 물론, 민간요법이나 한약재로도 널리 쓰인다. 특히 한방에서는 '길경'이라 하여 호흡기 질환에 좋은 치료제로 써 왔으며 거담제, 강장, 강정제로도 효능이 있는 것으로 알려져 있다.

뿌리가 곧게 뻗어 있고 통통하며 속이 하얀 빛을 띠는 것을 고른다. 껍질을 벗겨서 파는 것보다는 벗기지 않은 통도라지가 맛과 향이 더 좋다. 도라지는 잔뿌리를 떼내고 칼로 긁어서 껍질을 벗긴 후 너무 큰 것은 가늘게 쪼갠다. 손질한 도라지에 소금을 뿌리고 뽀얀 물이 나오도록 바라바락 주물러 쓴맛을 뺀다.

(26) 더덕

쌉싸래하면서도 독특한 향취가 으뜸인 더덕은 다른 채소에 비해 섬유질이 억세고 물기가 적어 씹는 맛이 좋다. 자연산 더덕은 이른 봄부터 나오며 봄이 지나고 캔 것은 아린 맛이 강하다. 더덕에는 인삼의 주성분인 사포닌이 들어 있고 위장을 튼튼하게 해주는 데 효과적이다. 뿌리가 희고 굵으며 전체적으로 몸체가 쭉 뻗은 것이 실하면서 맛도 좋다.

지나치게 울퉁불퉁하거나 몸체가 너무 짤막하고 굵은 것, 그리고 너무 가는 것은 피하도록 한다. 더덕은 흙을 털어내고 씻은 다음 껍질을 옆으로 돌려가며 벗긴다. 손질할 때는 방망이로 살짝만 두드려 펴고 소금물에 담가 쓴맛과 아린 맛을 우린 뒤에 조리한다.

(27) 굴

바다의 우유라고 불리는 굴은 우유빛이 돌고 통통한 것이 좋다. 칼슘, 철분 등 조혈성분이 풍부하며, 김치에 넣으면 시원한 맛과 감칠맛, 독특한 풍미를 낸다. 하지만 굴을 넣은 김치는 오래 두고 먹으면 군내가 나기 쉬우므로 담가서 바로 먹도록 한다. 굴은 조리나 체에 담은 채 엷은 소금물에 넣고 살살 흔들어 씻은 후에 사용한다.

(28) 생태

다른 생선에 비해 지방함량이 적어 비린내가 적고 맛이 개운한 편이다. 배추김치, 무김치, 파김치 등 김치 담글 때 넣으면 시원한 맛이 난다. 생태는 눈이 파랗고 탄력이 있으며 뽀얀 우윳빛을 띠는 것이 싱싱하다. 뼈와 껍질을 발라내고 2~3cm 크기로 포를 떠서 고춧가루, 파, 마늘 등의 양념에 하루 정도 재워 두었다가 김치 버무릴 때 넣는 것이 좋다.

(29) 낙지

싱싱하고 시원한 김치맛을 내기 위해 사용한다. 젓갈이나 여러 가지 해산물과 섞어도 잘 어울리며, 고유의 제 맛을 잃지 않으며 국물이 넉넉한 무김치나 백김치에 주로 사용한다.

(30) 대추

비타민 C가 풍부하고 변비에 좋으며 예로부터 한방 생약으로 많이 쓰인다. 대추는 날것으로도 먹지만 말려두었다가 약재나 차로 달여 먹기도 하는데 바짝 말리면 주름이 많이 진다. 대추는 보통 씨를 뺀 후 돌돌 말아 곱게 채썰어 떡과 음식의 고명으로 많이 사용한다. 김치의 경우에도 보쌈김치, 장김치 등의 고명으로 많이 쓰인다.

(31) 밤

동글동글하고 무거우며 윤이 나는 것이 좋은 것으로 겉껍질과 속껍질을 벗기고 물에 담가 냉장고에 보관한다. 보쌈김치나 백김치에 주로 넣으며 동글납작하게 썰거나 채 썰어 사용한다.

(32) 가자미

가자미 식해에는 손바닥 크기보다 작은 참가자미를 사용해야 뼈째 먹을 수 있다. 비늘을 긁고 내장을 뺀 다음 소금에 살짝 절이고 그늘에 꾸덕꾸덕하게 말렸다가 사용해야 씹히는 맛이 좋아진다.

(33) 전복

내장에 독성이 생기는 산란기인 4~5월은 피하고, 2월과 7~8월 맛있는 시기의 것을 이용한다. 내장을 떼어내고 전복살을 저며서 배추김치나 해물섞박지를 담가 먹으면 시원하고 쫄깃쫄깃한 맛이 좋다.

(34) 오징어

9월과 10월이 제철인 오징어를 김치에 넣으면 시원하고 맛이 담백해서 아이들이 특히 좋아한다. 싱싱한 오징어는 껍질을 벗기고 배를 가르고 내장을 빼내고 흐르는 물에 씻어서 물기를 뺀 후 소금을 뿌려 절였다가 알맞은 크기로 썰어 담는다.

(35) 도루묵

10월과 11월 초순에 나오는 생선으로 비늘을 긁고 머리와 꼬리, 내장을 제거하여 일찍 먹는 김장 김치에 넣으면 좋다.

(36) 갈치

너무 크지않은 제주산 은갈치를 사용해야 뼈까지 사용할 수 있다. 까칠한 호박잎 뒤면을 모아쥐고 비늘을 문질러 벗기면 흠이 나지 않는다. 머리와 지느러미, 꼬리를 잘라내고 내장을 뺀 다음 손가락굵기로 썰어 쓴다.

(37) 문어

살이 질긴 큰 것보다는 작은 것을 써야 씹는 맛이 좋다. 중간 크기의 문어를 사용하는 것이 좋다. 다리를 저며서 주로 쓰고, 통배추김치나 해물보김치에 넣으면 시원한 맛을 낸다.

4. 양념에 들어가는 재료

① 새우가루 만들기

김치에 생새우를 다져서 넣지만 구하지 못할 때에는 마른 보리새우를 믹서에 곱게 갈아서 냉장 보관해두고 사용한다. 김치에 비린 맛이 밸 수 있으니 적은 양만 넣는다.

② 멸치가루 만들기

멸치는 은빛이 도는 것으로 구입하여 바짝 말리면 비늘, 뼈를 제거하고 기름두르지않은 달군 팬에 살짝 볶은 후 믹서에 곱게 갈아서 냉장보관 해 두고 사용한다.

③ 고구마가루 만들기

고구마는 얇게 썰어서 하룻밤 물에 담그어 전분기를 뺀것을 여러번 씻어 물기를 제거하고 바짝 말린 후 곱게 갈아서 보관해 두고 풀을 쑬때 조금씩 사용하면 감칠맛이 좋다.

④ 콩물 만들기

콩을 5시간 이상 불린 후 불린 콩과 같은 량의 물을 부워 믹서에 곱게 갈아서 바친 후 콩국물을 풀을 쑬 때 같이 사용한다.

⑤ 황태육수만들기

다시마와 마른 새우, 황태, 무, 파뿌리를 함께 넣고 물을 부워 끓어 오르면 다시마는 건져내고 20분 정도 푹 끓여서 국물 양이 처음의 2/3정도일 때 불을 끄고 식힌 다음 걸러내서 사용하면 구수하며 단맛이 돈다.

⑥ 양지육수만들기

쇠고기 양지육을 다시마, 파뿌리를 넣고 물을 부워 끓어오르면 다시마 건져내고 40분 정도 푹 끓여서 국물 양이 처음의 1/2 정도일때 불을 끄고 식힌 다음 걸러내서 사용하면 깊고 시원한 맛이 돈다.

⑦ 다시마물 만들기

다시마는 젖은 면보로 하얀분과 불순물을 닦아 없애고, 찬물에 담궈 1시간 정도 우린 후 국물이 끓기 시작하면 바로 다시마를 꺼내고 5분 정도 더 끓여내는 것이 맛있는 국물을 내는 포인트다. 다시마를 넣고 팔팔 끓이면 끈적끈적하고 탁해진다. 달큼하면서도 구수한 맛을 살리는 데 꼭 필요한 재료, 김치의 농도를 조절하거나 마른고추, 젓갈 등을 갈 때 빽빽하지 않게 하는 용도로도 쓴다. 맑게 우려낸 다시마물을 김치에 넣으면 쉬 시지 않고 익어감에 따라 깊고 구수한 맛이 살아난다.

⑧ 찹쌀풀 만들기

찹쌀풀은 김치 종류에 따라 농도를 달리해야 하는데 다시마 우린물이나 육수에 불린대두(콩)를 넣고 갈은물을 조금 넣고 물이 팔팔 끓으면 찹쌀가루를 개서 눌지않게 풀을 쑨다. 숟가락으로 떠서 주르륵 흐르는 정도로 쑤어 식혀서 사용한다. 배추김치나 깍두기에는 묽은 죽 형태가 좋고, 총각무김치나 무청김치처럼 젓갈과 고춧가루를 많이 넣어 진하게 담그는 김치에는 좀 되게 쑤어서 넣어야 감칠맛이 난다.

⑨ 콩물 만들기

찹쌀풀에 들어가는 재료, 양은 아주 적지만 꼭 들어가야 하는 재료이다. 콩(대두)을 불린 다음 물이나 다시마물을 조금 넣어 믹서에 갈아두고 사용한다. 냉동 보관하면서 조금씩 녹여쓰면 편리하다.

⑩ 보리죽 만들기

열무 물김치에는 보리죽이나 보리밥이 들어가야 맛있다. 시골에서 보리밥이 주식일 때는 보리밥을 대강 으깨듯 갈아서 체에 걸러 물김치에 넣으면 삭으면서 구수한 국물맛을 낸다. 보리밥이 없을 때는 물을 넉넉하게 붓고 은근한 불에서 보리밥이 터지도록 뭉근하게 끓여서 사용한다.

⑪ 밀가루풀 만들기

여름에 열무김치는 찹쌀풀보다는 밀가루풀이 쓴맛이 안난다. 열무김치나 얼갈이 김치처럼 심심하고 시원하게 담그는 김치에 어울린다. 찹쌀풀을 쑬 때와 같은 농도로 쑤면 적당하다.

⑫ 차조죽 만들기

차조를 물에 씻은 다음 1시간 정도 충분히 불린 후 물을 붓고 불린 차조를 넣고 차조가 충분히 익어서 터지고 걸쭉한 농도가 될 때까지 끓여서 식힌다. 풋마늘김치나 대파김치처럼 양념이 많이 들어가는 전라도식 김치에 어울린다. 갈치속젓이나 멸치생젓이 들어가는 김치에 잘 맞는다.

5. 절이기

① 배추절이기

소금은 굵은 천일염을 사용해야 한다. 일년 쓸 소금을 미리 사다가 오래 묵히면 간수가 빠져서 쓴맛이 나지 않는다. 채소가게에서 절여올 때 그 소금물을 계속 사용하면 채소에서 쓴맛이 난다.

배추를 반으로 자르고 반 자른 배추 뿌리 부분에 칼집을 낸 뒤 소금물에 배추를 적시고 배추 사이사이에 굵은 소금을 켜켜이 뿌린다.

겨울 김장용은 3%, 봄철에는 4~5%, 여름에는 7~10%로 너무 오래 절이거나 소금의 농도가 높으면 배추와 무의 단맛이 빠진다. 여름에는 시간을 짧게 해서 짜게 절이고, 겨울에는 싱겁게 긴 시간을 절인다. 겨울배추는 절일 때 따뜻한 물에 소금을 풀어 배추를 담근 뒤 켜켜이 소금을 뿌려야 잘 절여진다.

김장 배추는 10% 소금물에 10시간 절이며 3회 정도 헹구어 3시간 동안 물기를 뺀다.

② 무절이기

깍두기나 섞박지용 무를 절일 때는 미리 씻어서 절인다. 절인 다음에 씻으면 무에 들어있는 영양성분이 씻겨나가고 향도 줄어든다. 동치미 무는 크기가 작고 단단한 다발무를 쓰고, 소금물에 담그는 것보다는 직접 소금에 굴려 절여야 껍질이 아삭아삭하고 맛있게 절여진다.

③ 총각무 절이기

총각무는 적당한 크기로 골라 통으로 절이는 것이 좋다. 칼집을 낸 다음 절이면 총각무의 맛성분이 소금물로 빠져나가기 때문에 맛이 줄어든다. 무의 크기가 너무 클 때는 반으로 갈라 절이거나 무의 껍질을 칼로 긁어내면 맛이 덜하므로 통으로 물에 담가 묻은 흙을 불린 후 솔로 깨끗이 씻는 정도로 끝내야 한다. 총각무는 작고 단단한 토종무로 골라 무청과 총각무 사이 지저분한 부분을 칼로 도려내듯 다듬어 깍은다음 누렇게 변한 잎은 떼어내고 흐르는 물에 씻어 건진다. 소금물에 총각무가 잠기도록 넣어 절인다.

④ 열무, 얼갈이 절이기

열무나 얼갈이는 풋내가 나기 쉬우므로 조심해서 다루어야 한다. 씻을 때는 흐르는 물 대신 통에 받아 놓은 물에 씻는 것이 좋다. 여름에 많이 해 먹는 김치이므로 단시간에 절이는 것이 좋은데 물의 양을 충분히 한 다음 열무나 얼갈이가 완전히 잠기도록 해서 절여야 골고루 절일 수 있다.

⑤ 고들빼기 절이기

고들빼기에서는 쓴 물이 우러나오므로 시간을 두고 천천히 절인다. 고들빼기의 쓴물을 빼내는 과정은 절인다는 말 대신 삭힌다는 표현을 많이 쓴다.

야생 고들빼기는 쓴맛이 강하므로 충분히 우려내야 하지만 밭에서 재배한 것은 쓴맛이 그리 강하지 않으므로 상태를 보아가며 삭히는 시간을 줄이는 것이 좋다. 뿌리와 잎이 싱싱한 것을 골라 밑둥을 칼로 긁어내고 시든잎을 다듬고, 소금물에 2~3일 정도 삭힌다. 삭히는 동안 물위로 떠오르지 않도록 무거운 돌로 눌러가며 절인다. 마지막 날 하루는 물을 갈아가며 쓴맛과 짠맛을 우려내고 깨끗이 헹궈서 체에 받쳐 물기를 뺀다.

Section 07 김치의 맛, 색깔·향미·조직감·숙성·발효

1. 김치의 맛, 색깔 · 향미 · 조직감

(1) 김치맛의 비결

고명은 익으면 영양이 없어지므로 발효기간에는 넣지 않는다. 잣, 밤, 미나리는, 여름 김치에는 넣지 않는다. 대파, 양파는 김치의 유산균 성분을 오래가지 않게 하므로 넣지 않는다. 대추는 통째로 넣어 물만 우려내야 김치의 톡 쏘는 맛이 오래간다.

표고버섯, 석이버섯은 김치에 넣지 않고 먹을 때 고명으로 올린다. 배를 채썰어 넣으면 김치가 익으면서 군내가 많이 난다. 양파나 양파즙은 겨울과 여름에 김치를 빨리 익게 하고 거품을 많이 생기게 하므로 넣지 않는다. 해물은 적은 양의 김치를 담글 때만 깨끗이 손질하여 넣는다.

김치의 맛은 멸치젓 등 젓갈이 좌우하므로 젓갈담기를 게을리 하지 않는다. 김치에 들어가는 고춧가루는 김치맛의 50%를 좌우할 정도로 매우 중요하다. 해물은 물기를 빼 소금에 살짝 절여 수분을 빼고 넣어야 김치가 맛있다. 멸치젓, 까나리젓은 5년까지 묵히며 해마다 담가 먹는다. 까나리젓과 멸치젓은 끓이지 않고 진국을 걸러 먹는다. 젓을 끓이면 김치의 시원하고 구수한 맛이 없어지므로 생으로 사용한다.

김치는 간을 잘 맞추어야 맛이 좋다. 음식을 만들 때는 빨리 만들어 내야 맛이있다.

(2) 김치의 색깔

김치의 색깔은 독특하면서도 화려한 것이 특징이다. 하얀접시에 담긴 배추김치를 보면 마치 액자 속에 있는 한폭의 유화(油畵)를 보는 듯하여, 밝고 강렬한 빨간색의 색채가 주조를 띄고 있다. 그렇지만 초록색과 백색이 바닥에 깔려 있고 이들의 적절한 배색(配色)이 조화를 이루고 있다. 이러한 김치의 색깔은 같은 류의 채소발효식품이라 해도 일본의 '즈게모노'나 유럽의 '사우어크라우트' 같은 단색조의 조형미하고는 거리가 있다.

김치의 빨간색은 물론 고추에서 온다. 고추는 매운맛을 지닌 것이 특징이지만 우리들은 매운맛 못지않게 고추의 빨간색을 좋아한다. 지금까지의 연구결과에 의하면 김치로부터 수십 가지의 붉은 색소 물질들이 분리 확인되었으나 그 가운데 중요한 것으로는 캡산틴(capsanthin) 등이 알려지고 있다. 김치의 백색은 특별한 색소가 없는 부분의 모습을 나타내고 초록색은 대표적인 식물성 색소의 하나인 크로로필류(chlorophylles), 즉 엽록소의 색인 것이다.

(3) 김치의 향미(香味)

김치는 독특한 향미를 가지고 있으며, 이는 복합적인 것으로 가장 김치다운 특색을 만드는 기본 요인이기도 하다. 향미는 향기와 맛으로 나눌 수 있다. 여기서 말하는 향기란 김치가 갖는 냄새를 뜻하고 있다.

외국에서의 한국식당, 우리의 가정, 그리고 우리들의 냉장고에서는 독특한 이 냄새가 난다. 그것은 재료들에서 나오는 풋냄새는 아니며, 여러 가지 양념과 발효취(醱酵臭)의 조화에 의해서 형성된 것이다. 그래서 쉽게 친숙해지지도 않지만, 한번 그 향을 받아들이면 결코 잊을 수가 없게 되는 독특한 향기인 것이다. 이러한 향기가 우리의 후각을 자극하여 식욕을 돋구고 침을 삼키게 한다. 김치의 냄새는 어느 한 두가지 물질로 이루어지는 것은 아니며, 이미 알려진 100여종 이상의 향기 성분들이 복합적으로 작용하여 비로소 김치의 종합적인 '상큼한 냄새'를 낸다고 하겠다.

김치맛은 그 어느 식품보다 깊고 오묘한 것이 특징이다. 감칠맛 · 매운맛 · 신맛 · 짠맛 · 단맛 · 떫은 맛, 그리고 상쾌한 맛이 서로 조화를 이루고 또 이들이 함께 어우러진 맛이다. 이와 같은 종합적인 맛은 재료와 발효과정이 만들어 낸 작품 중의 작품이라 아니할 수 없다.

감칠맛은 여러 가지 종류의 아미노산들이나 핵산계 물질들에 의하고 매운 것은 고추 캡사이신(capsaicin)의 맛이다. 신맛은 각종 유기산에 의해서, 짠맛은 소금에 의해서, 그리고 비록 옅으나 단맛은 당성분에 의한 것이다. 또한 상쾌한 맛은 발효과정에서 얻어진 유기산과 탄산가스의 역할에 의한 것으로 생각된다.

김치가 덜 익었을 때는 약간 짠맛이, 너무 익었을 때는 신맛이 다른 맛보다 더 강하다. 그러고 보면 잘 익었을 때의 감칠맛 · 신맛 · 상쾌한 맛은 발효과정에서 주로 얻어진 것이며, 이들 맛이 재료들에서 오는 다른 맛들과 함께 어울려 김치맛의 매력을 한단계 더 높여 주고 있다. 어쨌든 우리가 늘 못잊어 하는, 그리고 맛의 향수라고 할 수 있는 김치의 그 맛은 바로 이 모든 맛의 종합적인 것이라고 할 수 있다.

(4) 김치의 조직감

김치는 독특한 텍스추어(texture)를 가지고 있다. 입안에서 씹을 때 느껴지는 이 조직감은 말로 표현하기가 사실상 어렵지만 아삭아삭함이라고 말할 수 있다.

씹을 때의 아삭아삭함은 마치 마음으로 그 소리를 듣는 듯한 느낌까지 갖게 한다. 그 뿐만 아니라 김치는 종류에 따라 적당히 질기고 적당한 경도를 지니고 있다. 그래서 너무 익은 것, 즉 신내와 군덕내가 나는 김치의 텍스추어는 지나치게 부드럽고 연하다.

그러나 잘 익은 김치의 조직감은 생재료에서 느끼는 것하고도 또 다르며 그것은 소금절임과 발효과정에서 형성된 특별한 텍스추어인 것이다. 이와 같이 김치는 색깔 · 향미 · 조직감의 3요소에 의해 독특한 관능적 특성을 지니게 되며, 이것이 곧 김치가 우리 음식의 걸작품으로 사랑받는 요인이 되고 있는 것이다.

(5) 간 맞추기

김치에서 가장 중요한 비법은 김치를 담근 뒤 12시간은 지나고 난 다음 냉장고에 넣어야 김치에서 쓴맛이 나지 않는다. 12시간 지나고 난 뒤 김치의 국물을 먹어 보아 간을 맞춘다.

날씨가 더울 때는 간이 짜다고 느낄 정도가 적당하고 기온이 낮을 수록 먹어 보았을 때 간이 맞으면 된다. 만약 너무 짜면 사이사이에 무를 박아 무가 소금의 간을 먹도록 하고 싱거우면 맑은 젓국이나 조선간장을 넣는다. 이때 소금을 넣으면 김치가 쓴맛이 나서 먹을 수가 없다.

날이 더울 때나 오랫동안 저장하려면 모든 향신채와 젓갈을 적게 사용해야 한다.

(6) 김치가 빨리 시어지지 않게 하려면

젓갈은 끓이지 말고 그대로 사용한다. 멸치젓보다는 새우젓을 사용한다. 설탕, 풀국 종류는 적게 넣는다. 물엿이나 설탕은 넣지 않는다. 게 껍질을 이용하면 김치의 젖산을 중화시킨다.

갓을 김치의 덮개로 쓰면 김치가 싱싱하고 시원하다. 배를 쓸 때는 통째로 항아리 바닥에 두면 배즙만 우러나와 국물도 맑고 맛도 좋다.

(7) 김치의 숙성, 유산발효와 양념의 이중효과

김치는 채소에 각종 향신재료를 넣어 숙성시킨 발효식품이다. 숙성과정은 먼저 채소의 세포내에 양념이 침투하고 다음으로 미생물의 작용에 의해 발효되면서 여러 가지 산이 생성되어 김치 특유의 맛과 향이 생겨나는 물리 · 화학 · 미생물학적 복합과정을 거쳐 제조된다. 유산균은 장내 유해세균의 번식을 차단, 정장작용을 하고, 성인병 예방에 도움을 준다(비만, 고혈압, 당뇨병, 소화기 계통의 암 예방에도 효과적이다). 또 김치의 젖산균이 해독작용을 하고 피를 맑게 하는데 큰 역할을 한다.

김치의 양념은 김치의 맛을 낸다든지 영양성분을 공급하는 외에도 미생물의 활동에 큰 영향을 미쳐 적정 농도를 유지하면 유익한 균의 활동은 살아나고 유해균의 활동은 억제할 수 있다.

김치의 숙성에는 여러 가지 미생물과 효소가 작용하고 있는데, 가장 중요한 것이 유산균에 의한 유산발효이며, 이 발효는 김치맛을 낼 뿐만 아니라 보존성을 높여준다. 유산발효에 의해 생성된 젖산은 다른 유기산과 함께 부패균의 활동을 억제하면서 채소성분과 유기적으로 조화되어 김치 특유의 맛을 자아낸다. 일반적으로 ph 4.2~4.0일때, 살모넬라(Salmonella) 등 식중독 균은 절반 이하로 줄어든다. 산도 0.3~0.7 정도가 김치의 맛도 좋고 비타민 C의 함유량도 가장 높다고 한다.

영양성분은 가식부 100g 생것을 기준으로 수분은 87.8g이며 비타민 C는 135mg으로 다른 채소류들에 비하여 함량이 높다. 그리고 단백질 함량이 높고, '카로티노이드' 성분이 풍부하게 들어 있어서 노화방지와 콜레스테롤 수치를 낮추는 데 효과가 있다.

2. 발효숙성과 성분변화

(1) 김치의 숙성

김치의 유산균은 호기성 균이므로 공기의 접촉을 최대한으로 막아야 한다. 포기배추는 속을 넣은 다음 마지막 겉잎으로 속을 완전히 감싼 뒤 뒤집어 그릇에 담아 꼭꼭 눌러 공기의 접촉을 피해야 한다. 담근 뒤 며칠이 지나 발효하여 가스가 생기면 다시 열어 꼭꼭 물러 국물이 위로 올라오도록 하여 배추가 공기와 접촉하지 않게 해야 한다.

김치의 가장 알맞은 숙성온도는 5~10도, 숙성기간은 15~20일, pH(산도)4.3

(2) 유기산의 변화

유기산은 채소 중에 함유된 효소나 숙성에 관여하는 각종 미생물이 분비하는 효소들이 김치재료의 여러 성분에 작용하여 생성되며 배합원료의 종류, 숙성온도, 시간 및 소금농도에 따라 함량차이를 나타낸다.

유리아미노산 : 멸치젓을 넣은 김치에서 유리아미노산 총 함량이 가장 많다.

(3) 비타민류의 변화

비타민 C는 숙성초기 일단 감소된 후 약간 증가하다가 다시 감소하는 경향을 보이며, 여름철 김치는 1주일 이후에 거의 파괴되나 겨울철 김치는 별로 파괴되지 않고 이듬해 봄까지 보존된다.

(4) 부재료의 영향

① 소금 절임은 15%의 소금물에 6시간 절이거나 20%의 소금물에 3시간 절이는 것이 좋다.

② 젓갈류는 단백질, 아미노산 등 미생물 성장에 필요한 질소원을 다량함유하고 있어서 김치의 숙성을 촉진시킨다. 새우젓이 멸치젓보다 조금 더 숙성을 촉진시킨다.

③ 고추는 고추에 포함된 캡사이신(capsicine) 성분은 항산화제 역할을 해 김치가 쉽게 무르지 않도록 한다.

④ 당근은 비타민 C를 파괴시키는 ascorbinase 라는 효소가 있어 사용하지 않는게 좋다.

(5) 김치의 산패 및 연부현상

① 산패현상 : 김치의 발효는 여러 가지 미생물에 의해 성분 변화가 계속적으로 일어나기 때문에 완숙기가 지나면 산 생성량이 많아져 식품으로 섭취하기가 곤란한 상태로 김치의 발효과정 중에 젖산균이 생성하는 산들에 의해 발생되며 이상 젖산발효균인 *Leuconostoc mesenteroides* 와 정상 젖산발효균인 *Lactobacillus Plantarum* 이 젖산을 생성한다.

② 연부현상 : 채소의 조직 내에 존재하는 펙틴질이 분해하기 때문에 일어나는 물러지는 현상

(6) 저장 및 보관

좋은 재료를 써서 정성 들여 담근 김치라 해도 제대로 숙성을 시키지 못하면 맛있게 먹을 수 없다. 같은 김치라도 사람마다 입맛이 다르므로 맛있게 느끼는 시점도 모두 다르다. 대개 저온에서 숙성시켜 20일 정도가 지나면 유산균의 양이 최정점에 달하고 맛도 가장 좋은 것이 일반적이므로 그 시점부터 2주일 안에 먹으면 김치맛에 변화가 없어 맛있게 먹을 수 있다.

그 시기가 지나면 점차 김치맛이 변하기 시작한다. 여름에는 날씨가 더우므로 상온에서 반나절만 익혀도 충분하며 김치 냉장고에 넣어두고 먹는다. 찹쌀풀과 미나리, 젓갈이 들어가면 빨리 시어지므로 여름엔 좀 줄이는 것이 좋다. 봄과 가을에는 대개 상온에서 하루 정도 두었다가 김치냉장고에 넣어 익힌다. 겨울에는 2~3일정도 상온에 두면서 숙성시키는 게 적당하다.

모든 김치는 상온에서 숙성시키는 과정을 거쳐야 맛이 겉돌지 않아 씁쓸한 맛이 없고 톡 쏘는 탄산맛을 낼 수 있다.

김치를 비롯한 대부분의 발효식품을 보관하기 가장 좋은 온도는 섭씨 4~8℃ 사이이다. 그보다 온도가 높으면 빨리 시고 낮으면 김치맛이 제대로 우러나지 않고 쓴맛이 생긴다. 김치를 통에 담을 때는 4/5 정도만 채우는 것이 좋다. 김치가 익으면 부피가 좀 늘어나기 때문에 자칫하면 국물이 넘칠 수 있다.

항아리 뚜껑을 열면 공기와 접촉하여 김치의 맛이 떨어지게 되므로 뚜껑을 꼭 닫아 될 수 있는 대로 맛이 달라지는 것을 막는다. 달걀 껍질같은 알칼리성 재료를 이용하여 시어지는 것을 방지할 수 있다. 밤 껍질의 탄닌(tannin) 성분은 김치가 시어지는 것을 막아준다.

Section 08 김치의 영양적 특성

김치의 영양은 김치 중의 Ascorbic acid, 비타민 B가 담글 당시보다 맛있게 숙성하였을 때 증가되고, 사용하는 젓갈이나 어패류 중의 단백질은 발효과정 중 아미노산으로 소화흡수되기 쉬운 상태로 분해되며 칼슘의 주요 공급원이다. 또한 나트륨과 칼륨과 같은 무기질의 급원이기도 하다. 각종 김치 100g 성분은 다음 표 1-2와 같다.

표 1-2 김치별 영양성분

종 류	에너지 (Kcal)	수분 (g)	단백질 (g)	지질 (g)	회분 (g)	당질 (g)	섬유소 (g)	Ca (mg)	무기질(mg)		
									B_1	B_2	C
갓김치	41	83.2	3.9	0.9	3.5	8.5	1.7	118	0.15	0.14	48
고들빼기	66	71.6	4.1	2.7	9.7	11.9	2.6	115	0.31	0.15	11
깍두기	33	88.4	1.6	0.3	2.3	7.4	0.7	37	0.14	0.05	19
나박김치	9	95.1	0.8	0.1	1.5	2.5	0.8	36	0.03	0.06	10
동치미	11	94.2	0.7	0.1	2.0	3.0	0.5	18	0.02	0.02	9
무청김치	23	85.9	2.7	0.7	0.5	2.4	-	3	0.04	0.07	19
배추김치	18	90.8	2.0	0.5	2.8	3.9	1.3	4.7	0.06	0.06	14
백김치	8	95.7	0.7	0.1	1.5	2.0	0.5	21	0.03	0.02	10
열무김치	38	84.5	3.1	0.6	3.2	8.6	1.5	116	0.15	0.29	28
열무 물김치	7	95.7	0.7	0	1.8	1.8	0.3	40	0.08	0.03	9
유채김치	41	82.4	3.5	0.8	3.2	10.1	2.8	67	0.20	0.23	56
유채 물김치	13	94.7	1.0	0.1	1.2	3.0	0.4	37	0.08	0.04	19
총각김치	42	86.4	2.5	0.6	2.0	8.5	0.74	42	0.04	0.07	20
파김치	52	80.7	3.4	0.8	3.3	11.8	1.5	70	0.14	0.14	19

* REF; 농천진흥청 농업과학기술원, 식품성분표

2~7℃에서 김치를 익히면 초기에는 비타민 C가 20~30% 감소하다가 다시 증가해 초기와 양이 같아진다. 비타민 B 종류는 20일 전후해서 최고 2배까지 증가하다가 급격히 감소한다. 비타민 A의 전구체인 카로틴은 계속 감소한다. 비타민B < C가 변화하는 것은 김치 속에 미생물의 작용으로 인한 것이며, 비타민 B는 젓갈과 미생물균체에서 비롯되고 비타민 C는 배추조직 중의 펙틴성분으로부터 합성된다. 김치맛은 비타민이 최고조일 때 가장 좋다.

김치 속의 아미노산은 대부분 젓갈을 첨가해서 생긴 것으로 김치가 익는 과정에서 2배 정도로 증가했다가 점진적으로 감소한다.

(1) 비타민이 풍부한 김치

김치는 채소 섭취가 어려운 겨울철 우리에게 비타민 A, B, C 등을 비롯하여, 그 부재료가 지닌 다양한 영양성분을 공급하며, 또한 인체의 생리기능 활성화에도 도움을 주는 종합보양식품이다. 마늘이 들어감으로써 비타민 B 의 흡수를 촉진시킬 뿐만 아니라 살균력도 강하다.

오이, 당근, 무를 사용했던 나박김치는 오이와 당근이 영양소를 파괴시키므로 빨간색은 붉은 고추를 녹색은 오이대신 풋고추를 썰어서 담그면 영양소의 함량이 높아지고 김치맛도 오래 보존할 수 있다.

(2) 인체에 좋은 저칼로리 식품

김치는 채소가 주체가 된 저칼로리 식품으로 식이성 섬유를 많이 함유하고 있으며 장의 활동을 활성화하면서 체내의 당류나 콜레스테롤 수치를 낮춰주므로 당뇨병, 심장질환, 비만 등 성인병 예방 및 치료에도 도움을 준다.

(3) 유산균의 정장작용

김치가 발효됨에 따라 증가하는 유산균은 요구르트와 같이 장내의 산도를 낮추어 유해균의 생육을 억제 또는 사멸시키는 정장작용을 한다.

(4) 생리대사를 활성화한다.

김치의 주 부재료인 고춧가루에는 켑사이신이라는 성분이 들어 있어 위장의 소화액 분비를 촉진함으로써 소화작용을 도와주며, 또한 비타민 A와 C의 함유량도 많아 항산화작용을 통해 노화를 억제한다. 뿐만 아니라 마늘에 함유되어 있는 스코르지닌은 스테미너 증진효과가 있으며, 알리신 성분은 비타민 B_1의 흡수를 촉진하여 생리대사를 활성화하는 효과를 가지고 있다. 또한 생강에 함유되어 있는 진저롤은 식욕증진 및 혈액순환에 좋은 효과가 있다.

(5) 영양상의 균형을 유지해주며, 항암, 항알레르기, 항산화효과

김치에는 어 · 육류와 젓갈도 폭넓게 사용되어 쌀밥 중심의 식생활에 부족하기 쉬운 아미노산을 공급함으로써 영양상의 균형을 유지하여 준다.

Section 09 생명물질이자 건강식품

(1) 김치는 살아있는 생명물질

김치는 살아있는 생명물질이며 그래서 우리에게 생명을 이어주는 영양식품이자 건강식품이라는 것이다. 김치가 채소류를 주재료로 하되 다른 다양한 재료의 종합식품이고, 또 유용한 미생물에 의하여 발효 숙성된 발효식품이라는 것은 이미 밝혀졌다. 그러므로 김치는 생체(生體)들이 함께 어울려 있는 살아있는 생명체일 수 있으며, 따라서 많은 생명물질이 함께 존재하리라는 것을 쉽게 짐작할 수 있다.

생명물질은 젖산균과 같이 생명을 가지고 있는 것일 수도 있고 또 귀중한 생명을 부여해주는 영양소 등의 여러 가지 물질들일 수도 있다. 김치는 이 두가지 종류의 생명물질들을 아주 많이, 그리고 다양하게 지니고 있다.

아직은 이 분야의 연구가 여러 단계에서 잔행되고 있으며 베일 속에 숨겨진 김치의 비밀이 이제 하나씩 벗겨지고 있다. 지난 세월 우리 선조들의 그 척박한 식생활 상황에서도 그들의 생명을 지켜 온 김치의 고귀한 역할이 하나 둘 그 모습을 드러내고 있는 것이다. 그러나 아직도 이와 관련하여 우리가 알고 있는 지식은 한정된 일부분에 지나지 않음을 우리는 알아야 한다.

(2) 김치의 식품영양학적 의의

① 김치류는 많은 영양물의 공급원이다.
② 소화작용을 도와준다
③ 정장(整腸)작용을 한다
④ 발효숙성되어감에 따라 항산화성 · 항균성 · 항암성 등의 기능적 특성을 갖는다.
⑤ 첨가되는 양념들은 여러 가지 약리(藥理)작용이 있다
⑥ 부재료인 육어류는 양질의 단백질로 영양가가 높다.

(3) 김치는 살아있는 생명물질

김치는 영양학적 기능과 아울러 여러 가지 생리학적 기능을 갖는 생명 물질임에 틀림이 없다. 이에 대하여 좀더 살펴보기로 한다.

우리가 알고 있는 김치발효는 젖산균 무리들이 주축이 되어 진행되며, 그 결과 바람직하지 않은 미생물들이 점차 사멸되면서 삭고 익어가는 과정이라 할 수 있다. 그래서 이들 젖산균은 요쿠르트의 유산균과 같이 장내에서 정장작용을 하게 되며, 이미 김치의 항균성도 밝혀진바 있다. 또한 김치 젖산균의 항암성이나 그 밖의 기능성에 관한 것도 최근 활발하게 보고되고 있다.

또한 김치는 소중한 영양물질인 비타민을 다양하게 함유하고 있다. 특히 주목하고 있는 비타민류로는 비타민 B, 비타민 C, 그리고 비타민 A를 만드는 카로틴 들이다. 김치는 우리가 먹는 다른 어떤 음식 못지않게 이들 영양소를 많이 함유하고 있다.

흥미있는 것은 이 영양소 중에 어떤 성분은 김치담금과 발효과정 중에 그 함량이 늘어난다는 것이다. 그 사실은 분명치 않으나 담금방법이나 발효체계를 개선하여 앞으로 고단위 활성의 비타민 김치가 등장할 수도 있음을 암시하고 있는 것이다.

물론 김치는 여러 가지 종류의 다른 영양소, 예를 들면 식이 섬유질 등의 급원이 되고 있다.

김치에 함유되어 있는 생명물질 가운데 그밖에도 비만예방, 항산화성, 항노화성, 항암성, 항동맥경화성 등의 물질들이 존재하고 있다. 항산화성, 항노화성 물질들은 식품에서나 우리 체내에서 독성을 유발하는 산화촉진물질들을 제거하는 역할과 노화촉진 인자들의 활성을 낮추어 주는 역할을 하고 있다. 따라서 오늘날 우리 식생활의 서구화되는 경향으로 일어날 수도 있는 성인병 유발의 가능성을 줄이는데 김치가 중요한 구실을 할 수 있으리라 기대된다.

이러한 특성을 지닌 성분들이 김치에는 많이 있다. 각종 플라보노이드물질, 식이섬유질, 카로틴, 비타민 C, 그리고 다른 여러 가지 생명물질들이 바로 그것이다. 오늘날 이렇듯 특수한 성질을 지닌 것을 기능성 물질이라고 하고 이러한 특성의 식품을 기능성 식품이라고 한다.

앞으로 김치에 대한 이러한 연구가 더 진행된다면 김치의 기능성을 더 확인할 수 있을 것으로 확신하며, 그렇게 되면 김치는 가장 이상적이고 또 잠재력을 지닌 기능성 식품이 될 수 있다고 판단된다.

그러므로 김치는 살아있는 생명물질이자 중요한 영양식품이고 건강식품이라고 할 수 있다.

Part II 전통 팔도김치

강원도 김치
경기도 김치
경상도 김치
북한지역 김치
서울 김치
전라도 김치
제주도 김치
충청도 김치

강원도 김치

01 민들레 김치
02 오방색 백김치
03 짠짠지
04 곰취김치
05 도라지김치
06 토마토겉절이김치
07 씀바귀김치
08 강릉깍두기
09 창란젓깍두기
10 파래김치
11 꼴뚜기젓무생체
12 보르도무 동치미

01 민들레김치

재료 및 분량

주재료 : 민들레 1kg(물 1L, 소금 2큰술)

*양념 : 고춧가루 4큰술, 홍고추 2개, 실파 50g, 양파 ½개, 다시마물 ⅓컵, 찹쌀풀 3큰술, 다진 마늘 2큰술, 다진 생강 약간, 멸치액젓 3큰술, 새우젓 1작은술, 소금, 매실청 1큰술, 소금

만드는 방법

1. 민들레 뿌리는 살살 긁어 다듬고 잎은 깨끗하게 씻는다.
2. 분량의 소금물에 민들레를 1시간 정도 절인 다음 잘 씻는
3. 실파는 4cm 길이로 썰고 홍고추는 3cm 길이로 썬다.
4. 양파는 채썬다.
5. 분량의 양념을 만든다.
6. 준비한 양념에 민들레와 실파 홍고추를 넣고 버무린다.

Story Telling

민들레

겨울에는 줄기가 죽고 뿌리만 살아서 이듬해 다시 싹을 틔우는 생명력이 강한 특징을 지니고 있으며, 최근에는 건강식품으로 각광 받고 있는 식품 중의 하나로 손꼽히고 있다.

· 민들레는 쌈으로 싸 먹어도 좋고 데쳐서 초고추장에 무쳐 먹어도 좋으며 입맛 없는 봄철에 입맛을 돋울 수 있는 최고의 나물이라 해도 과언이 아니다. 줄기가 질기고 써서 기호에 맞지 않는다면 잎만 골라 겉절이로 해먹어도 쌉싸름한 맛이 일품이다.

02 오방색 백김치

재료 및 분량

주재료 : 배추 2.5kg, 굵은소금 1컵, 쪽파 50g, 홍갓 50g, 무 200g, 밤 5개, 석이버섯 5장, 파프리카 ½개씩 (빨강, 노랑, 파랑)

양념 : 매실청 1큰술, 멸치액젓 3큰술, 소금, 마늘채 2큰술, 생강채 2작은술

김치국물 : 물 6컵, 소금 2큰술, 새우젓 1큰술

주머니 : 배 ¼개, 보르도무 100g, 홍갓 30g, 양파 ¼개, 마른 홍고추 2개, 청양고추 1개, 쪽파 20g, 생강 1톨, 마늘 5톨

만드는 방법

1. 배추는 4등분해서 소금에 절였다가 물에 헹궈 물기를 제거한다.
2. 무 · 파프리카 4cm, 홍갓 · 쪽파는 3cm 길이로 썰고 석이도 불려 깨끗이 씻어 채썰어 준비한다.
3. 분량의 양념을 만든 다음, 2.의 재료에 버무려 소를 만든다.
4. 배, 무, 홍갓, 양파, 마른 홍고추, 청양고추, 쪽파 등의 재료를 큼직하게 썰고 마늘과 생강을 주머니에 넣고 묶는다.
5. 절여진 배추에 3.의 소를 골고루 채워 넣고 항아리 바닥에 주머니를 깐 다음, 소넣은 배추를 차곡차곡 넣고 분량의 김치국물을 만들어 붓는다.

Story Telling

오방색 백김치는 안토시안 색소가 풍부한 파프리카를 이용하므로 항암작용에도 좋고 보르도무를 넣어 무에서 색이 우러나와 김치국물 색깔이 곱고 아름답다. 청양고추를 넣으면 약간 칼칼한 맛이 일품이다.

· 보르도무는 보라색의 제주도 무이다.

03 짠짠지

재료 및 분량

*무 짠짠지
동치미 무 10개, 소금 20컵, 무청, 배 ½개, 대파, 파뿌리 100g, 생강 20g, 고추씨 1컵, 베주머니, 차돌

*배추 짠짠지
배추 5통, 물 5L, 굵은 소금 20컵

Story Telling

· 무 짠짠지를 연한 식초와 설탕물에 담가 염기를 빼준 다음, 채썰어서 갖가지 양념해서 무쳐 먹거나 나박썰기 해서 시원하게 물김치로 활용해서 먹으면 좋다.
· 배추짠짠지도 무짠짠지와 같은 방법으로 만든다.

만드는 방법

1. 무는 무청을 떼고 잔털과 밑동을 제거한 다음, 솔로 문질 씻어 물기를 뺀다.
2. 무를 소금에 굴려 소금에 절이고 무청도 깨끗이 씻어 절인
3. 배, 대파, 파뿌리, 생강, 고추씨는 깨끗이 씻어 베보자기 고 묶는다.
4. 분량의 소금을 물에 푼다
5. 2.의 무를 항아리에 담고 3.의 배보자기를 넣은 후 4.에 풀 둔 소금물을 붓고 무청을 얹어 공기가 통하지 않도록 한 음, 웃소금을 넉넉히 뿌린 후 돌을 얹어 꼭 누르도록 한다

04 곰취김치

재료 및 분량

주재료 : 곰취 200g, 무 200g, 실파 50g, 미나리 50g, 밤 5개, 대추 5개, 홍고추 2개, 배 ½개, 갓 1큰술

양념 : 고춧가루 ½컵, 까나리액젓 3큰술, 매실청 2큰술, 소금 약간

만드는 방법

1. 무는 5×0.2× 0.2cm로 곱게 채 썰어 고춧가루에 버무려 놓고 배도 4×0.2×0.2cm로 채 썰어 설탕물에 담갔다가 물기를 뺀다.
2. 실파, 미나리, 홍고추는 3cm 길이로 썰고 마늘, 생강, 밤, 대추도 0. 3cm 두께로 채썬다.
3. 1.과 2.에 분량의 양념을 만들어 소를 준비한다.
4. 곰취에 3.의 재료를 가지런히 넣고 말아 준비한다.

Story Telling

산나물의 제왕이라 불리는 곰취는 톡쏘는 맛이 아닌 부드럽게 쌉싸름한 맛이 은은하게 풍기는 상큼한 향이 특징이며 나른한 봄철 잃어버린 입맛을 돋우고, 춘곤증 등 피로회복에 좋다. 곰취의 쓴맛이 싫으면 김치를 담글 때 소금물에 2~3일 담가 쓴맛을 뺀 다음에 먹어도 좋다. 곰취의 효능은 폐에 좋고 황달, 고혈압, 관절염 담을 삭히는 작용을 하며 항염과 항암작용을 한다.

05 도라지김치

재료 및 분량

주재료 : 도라지 1kg, 무 100g, 실파 50g, 미나리 50g
마늘 5쪽, 생강 1톨,

*양념 : 고춧가루 1컵, 멸치액젓 3큰술, 매실청 1큰술
찹쌀풀 2큰술, 소금 약간

Story Telling

· 도라지는 열을 식혀 주는 기능이 있기 때문에, 예로부터 민간요법으로도 많이 쓰였으며, 특히 도라지는 호흡기에 작용하므로 폐질환에 좋고, 기관지를 건강하게 해준다. 인삼처럼 사포닌 성분이 있기 때문에 콜레스테롤을 제거해 주는 효능도 있다.

만드는 방법

1. 도라지는 깨끗이 씻어 물기를 뺀 다음, 5cm 길이로 굵게 채썰거나 납작하게 썰어 소금으로 주물러 씻는다.
2. 무는 도라지와 같이 썰어 소금에 절인다
3. 실파와 미나리는 4cm 길이로 썬다
4. 분량의 김치 양념을 만든다.
5. 도라지에 2., 3.의 부재료를 넣고 양념에 버무린다.

06 토마토겉절이김치

재료 및 분량

주재료 : 얼갈이 200g, 무 50g, 토마토 1개, 소금

양념 : 다진 마늘 1큰술, 다진 생강 1작은술, 실파 20g, 홍고추 ½개, 액젓 2큰술, 매실청 2큰술, 찹쌀풀 4큰술, 고춧가루 3큰술, 소금

만드는 방법

1. 얼갈이 배추는 깨끗이 씻어 소금에 살짝 절인다.
2. 무는 채썰어 소금에 살짝 절인다.
3. 토마토는 과육이 단단한 것으로 준비해서 씨를 제거한 후 채 썰어서 소금에 살짝 절인다.
4. 분량의 김치 양념을 만든다.
5. 모든 재료를 물기제거 후 양념에 버무린다.

Story Telling

토마토 겉절이 김치를 담글 때 토마토는 무르지 않고 과육이 단단한 것으로 너무 크지 않은 토마토를 고르는 것이 좋다. 오래두고 먹으면 토마토가 무를 수 있으므로 바로 무쳐서 먹는 즉석 겉절이로 해먹는 것이 가장 좋다. 유럽의 속담에 토마토가 익어 가면 "의사의 얼굴이 파래진다" 라는 속담이 있을 정도로 세계 10대 건강식품에 속하는 토마토는 우리 몸에 아주 좋은 식품이다.

07 씀바귀김치

재료 및 분량

주재료 : 씀바귀 1kg, 쪽파 100g

*양념 : 마늘 1쪽, 생강 1톨, 고춧가루 1컵 , 멸치액젓 ⅔, 컵, 찹쌀풀 3큰술, 매실청 3큰술, 소금 · 통깨 · 다진마늘 1큰술, 생강 1작은술

만드는 방법

1. 씀바귀는 깨끗이 다듬어 씻어 소금을 뿌리고 물을 잠기게 어 3일 정도 삭혀 쓴맛을 없앤다.
2. 삭힌 씀바귀는 여러 번 헹궈 물기를 뺀다.
3. 쪽파는 5~6cm 길이로 자른다.
4. 분량의 양념을 만든다.
5. 씀바귀와 쪽파 양념을 넣고 버무린 후 소금으로 간을 맞추 통깨를 위에 뿌린다.

Story Telling

· 씀바귀를 강원도에서는 속세라 불리우며 속세김치 또는 씀바귀김치 라고도 한다. 항산화 작용을 하는 토코페롤에 비해 씀바귀는 항산화 효과가 무려 14배나 뛰어나며, 특히 씀바귀는 뿌리까지 먹을 수 있는데, 잎뿐만 아니라 뿌리 부분에도 뛰어난 항산화 효과가 있다.

· 씀바귀의 제철은 2월이다. 하지만 최근에는 씀바귀도 하우스 재배 가능하여 11월부터 다음해 4~5월까지 수확이 가능하지만 꽃대가 올 때는 뿌리가 목질화되고 잎이 굳어지면서 쓴맛이 강하게 되어 을 수가 없으므로 그 이전에 수확을 해야 한다. 씀바귀의 쓴맛이 담스러울 때는 쓴맛을 우려 낸 후에 김치를 담근다.

08 강릉깍두기

재료 및 분량

주재료 : 서거리 200g, 무 1개, 쪽파 50g
양념 : 고춧가루 5큰술, 다진 마늘 3큰술, 다진 생강 1작은술, 매실청 1큰술, 찹쌀풀 2큰술, 소금 · 새우젓갈 2큰술
무절임 : 굵은 소금 ½컵

만드는 방법

1. 무는 나박썰기(또는 깍둑썰기) 해서 소금물에 잠깐 절였다가 물기를 제거한 후 고춧가루에 버무려 놓는다.
2. 쪽파 3cm 길이로 썰어서 준비한다.
3. 분량의 양념을 준비한다.
4. 무와 쪽파를 서거리와 양념에 버무린 다음에 소금으로 간한다.

Story Telling

· 강릉깍두기는 서거리김치 또는 서더리김치라고도 하며, 거리는 명태의 아가미를 삭혀서 젓갈로 만든 것으로 주로 강릉에서 해먹는 김치로 강릉깍두기로 불린다.

09 창란젓깍두기

재료 및 분량

주재료 : 무 ½개(굵은소금 ⅓컵), 창란젓 200g, 미나리 50g, 쪽파 50g

*양념 : 새우젓 1큰술, 다진 마늘 2큰술, 다진 생강 1작은술, 고춧가루 2큰술, 매실청 1큰술, 소금 약간

만드는 방법

1. 무는 다듬어 깨끗이 씻어서 깍둑썰기 하여 굵은 소금에 인다.
2. 쪽파는 손질하여 흰 부분만 3cm 길이로 채 썬다.
3. 미나리는 손질하여 3cm 길이로 자른다.
4. 창란젓은 곱게 다지고 마늘과 생강도 다진다.
5. 절인 무에 고춧가루를 넣고 고춧물을 들인 다음, 준비한 료를 넣고 버무리면서 소금으로 간을 맞춘다.

Story Telling

- 창란젓은 명태의 창자로 담근 젓갈로 필수 아미노산이 풍부하게 들어 있으며 EPA와 DHA 또한 풍부하다.
- 창란젓으로 깍두기를 담그면 짠맛도 줄일 수 있고, 무는 특히 식이 유가 풍부하여 변비에도 좋으며 아밀라아제가 함유되어 있어서 밥 주식으로 하는 우리나라 사람에게는 소화가 잘 되기 때문에 좋다.

10 파래 김치

재료 및 분량

주재료 : 물파래 5묶음, 미나리 30g, 실파 30g
무 ¼개, 홍고추 1개,

양념 : 멸치액젓 2큰술, 새우젓국물 1큰술, 매실청 1큰술, 다진 마늘 2큰술, 다진 생강 ½작은술

만드는 방법

1. 파래는 찬물에 담가 씻어 돌돌 말아 체에 받쳐 물기 뺀다.
2. 무는 길이 4cm로 곱게 채썬 다음, 살짝 소금에 절였다가 물기를 꼭 짠다.
3. 미나리와 실파는 3cm 길이로 썰고 홍고추는 다진다.
4. 분량의 양념을 섞는다.
5. 물기 뺀 파래를 분량의 양념과 재료를 넣고 버무린다.

Story Telling

· 파래는 해조류인 미역, 다시마, 톳, 김 등보다도 항산화 효과가 가장 뛰어나며 또한 빈혈환자에게 좋은 효과가 있으나 철분은 체내흡수율이 낮아 섭취하는 양에 비해 효과가 적을 수 있다. 그러나 비타민이 풍부한 무나 미나리 등과 같이 섭취할 경우에는 그 흡수율을 더욱 높일 수 있어서 빈혈환자에게 좋은 효능이 있다.

11 꼴뚜기젓무생체

재료 및 분량

주재료 : 무 1개, 굵은소금 ½컵, 꼴뚜기 200g, 배 ¼개, 실파 50g, 미나리 50g

*양념 : 고춧가루 ½컵, 다진 마늘 2큰술, 다진 생강 1작은술, 소금 약간

만드는 방법

1. 무는 깨끗이 씻어 6cm로 채썬 다음, 굵은 소금에 살짝 절여 물기를 뺀다.
2. 미나리, 실파는 깨끗이 다듬어 5cm 길이로 썬다.
3. 분량의 양념을 만든다.
4. 절인 무채에 고춧가루를 넣고 버무려 고춧물을 들인다.
5. 분량의 양념과 재료를 넣고 버무린다.

Story Telling

- 꼴두기는 오징어와 유사하게 생긴 연체동물의 일종으로 오징어보다 작은 크기로 살이 두텁고 싱싱하다. 크기는 큰 것보다는 중간 것이 젓갈을 담는 데 좋다.
- 꼴두기는 말려서 포로 만들어 밑반찬으로 먹기도 하는데 무생채에 꼴뚜기 젓갈을 넣으면 담백하다.

12 보르도무 동치미

재료 및 분량

주재료 : 보르도무 3개, 굵은소금 3컵 물 5컵

국물 : 생수 20컵, 소금 4큰술, 액젓 3큰술, 매실청 2큰술

주머니 만들기 : 마늘 50g, 생강 20g, 양파 ½개, 배 ½개, 절임고추 5개, 홍갓 50g, 쪽파 20g 고추씨 1큰술

만드는 방법

1. 보르도무는 통째로 소금에 굴렸다가 소금물에 절인다.
2. 홍갓과 쪽파는 깨끗이 씻어 준비한다.
3. 국물을 만든다.
4. 모든 재료를 주머니에 넣는다.
5. 잘 절여진 보르도무는 헹군 다음, 주머니를 밑에 깔고 무를 넣은 후에 국물을 붓고 소금 간한다.

Story Telling

· 보르도무의 원산지는 프랑스이고 우리나라에서는 제주도에서 재배되고 있다. 보르도무에는 안토시안 색소가 들어 있어서 항암작용에 도움을 주며 김치로 담갔을 때 색스럽고 곱다.

경기도 김치

13 배추김치

재료 및 분량

주재료 : 배추 2포기(5kg), 굵은 소금 2컵, 무 1kg
쪽파 140g, 갓 100g, 미나리 70g

*양념 : 새우젓 40g, 멸치액젓 ½컵, 소금 1큰술,
설탕 2큰술, 양파즙 ½컵, 배즙 ½컵, 찹쌀풀 1컵,
고춧가루 2컵, 다진 마늘 3큰술, 다진 생강 1작은술

만드는 방법

1. 배추는 겉잎을 떼어내고 칼집을 넣어 반으로 자른 후 분량 소금과 물을 이용하여 6시간 절인다.
2. 무는 채 썰고 생강과 마늘, 새우젓은 다진다.
3. 미나리, 쪽파, 갓은 적당한 길이로 썰어 놓는다.
4. 양파와 배는 강판에 갈아서 면보에 걸러낸다.
5. 채썬무에 고춧가루를 넣고 버무려 물을 들이고 준비한 모 재료와 양념을 넣어 김치소를 만든다.
6. 절여진 배추는 깨끗이 씻어 채반에 담아 물기를 뺀다.
7. 배춧잎을 두세 장씩 들추면서 만들어 놓은 5.의 김치소 넣는다.
8. 소를 넣은 배추를 반으로 접어서 마지막의 겉잎으로 잘 서 담아 숙성시킨다.

14 숙깍두기

재료 및 분량

주재료 : 무 1kg, 미나리 60g, 쪽파 50g, 소금 ⅓컵, 물 2컵

양념 : 새우젓 1큰술, 생강즙 1작은술, 다진마늘 2큰술, 갈아 놓은 밥 2큰술, 고춧가루 ½컵, 고운소금 2작은술, 배즙 3큰술, 양파즙 3큰술, 설탕 1큰술

만드는 방법

1. 무는 깨끗이 씻어서 2cm 정도로 깍뚝썰기 한 후 끓는물에 살짝 삶아서 건진다.
2. 미나리와 쪽파는 3cm 정도의 길이로 자른다.
3. 새우젓은 다지고 양파와 배즙은 갈아서 면보에 거른다.
4. 밥은 물을 약간 넣어 믹서기로 갈아 놓는다.
5. 무에 고춧가루를 넣고 버무려 색을 낸다.
6. 새우젓, 생강즙, 쪽파, 다진 마늘, 갈아 놓은 밥, 배즙, 양파즙, 설탕 등 모든 양념을 섞어서 고춧가루 물 들인 무와 함께 섞어 버무린다.
7. 김치통에 숙깍두기를 담고 우거지를 덮어 공기가 들어가지 않게 숙성시킨다.

15 인삼물김치

재료 및 분량

주재료 : 배추 2포기(5kg), 소금 2컵, 무 ½개, 수삼 2뿌리, 쪽파 30g, 미나리 30g, 배 ½개, 실고추 20g, 석이버섯 20g, 밤 3개, 대추 50g

*양념 : 새우젓 4큰술, 설탕 1큰술, 생강 5g, 마늘 20g, 대추 50g, 잣 20g

*김치국물 : 감자 2개, 생수 10컵, 소금 1큰술

만드는 방법

1. 배추는 4등분 또는 6등분으로 갈라서 몸통쪽은 소금물에 이고 머리는 소금을 뿌려서 절인 후에 씻는다.
2. 감자는 삶아 으깨서 차게 식힌 후 생수를 부어 김치국물 만든다.
3. 무와 배는 채 썰고 미나리와 쪽파도 4cm 길이 정도로 준비한다.
4. 마늘, 생강, 대추, 석이버섯은 고운 채로 썰어 놓는다.
5. 잣도 고깔을 떼어내고 손질한다.
6. 밤은 편썰어서 준비하고 수삼은 얇게 어슷썰기 한다.
7. 모든 양념을 섞어서 배추 사이사이에 속을 넣는다.
8. 완성된 김치를 김치통에 담고 국물을 부어 간을 맞춘다.
9. 수삼의 향을 살리기 위해서 향신채소(파, 마늘, 생강 등 조금만 넣는다.

16 연꽃동치미

재료 및 분량

주재료 : 무 1kg, 소금 ½컵, 미나리 100g, 오이 2개, 배 1 ½개, 홍고추 4개, 대파 2뿌리

김치국물 : 생수 8컵, 생강즙 2큰술, 마늘 2큰술, 배즙 6큰술, 양파즙 3큰술, 소금 1큰술

만드는 방법

1. 무는 껍질을 벗기고 속 재료가 비칠 정도로 둥근 모양 그대로 얇게 썰어서 소금물(물 5컵, 소금 50g)에 절인다.
2. 미나리도 함께 씻어 소금물에 절인다.
3. 오이, 배, 홍고추, 대파도 6cm 길이로 곱게 채썬다.
4. 생강, 양파, 나머지 배는 즙을 내어 면보에 거른다.
5. 무와 미나리 절인 것을 건져내어 씻는다.
6. 절인 무 위에 채친 오이, 배, 파, 마늘, 홍고추를 얹고 돌돌 말아 미나리로 동여맨다.
7. 김치통에 가지런히 담고 각종 즙과 소금으로 간을 맞춘 국물을 넉넉히 붓는다. 고명으로 대추나 잣을 넣기도 한다.

Story Telling

- 모양이 예쁘고 담백하여 특별한 날 별미로 담근다.

17 오이물김치

재료 및 분량

주재료 : 오이 3개, 소금(절임용) 20g, 마늘 3g,
생강 5g, 홍고추 2개, 대파 1뿌리, 배 ½개

*김치국물 : 생수 6컵, 소금 1큰술, 배 ½개, 양파즙 ½컵

만드는 방법

1. 오이는 소금으로 문질러 깨끗이 씻는다.
2. 씻은 오이는 5~6cm 크기로 자른 후 다시 길이를 열십자 썰어 4등분하여 소금을 뿌려 절인다.
3. 대파, 마늘, 생강, 홍고추는 곱게 채를 썰어 준비한다.
4. 배는 적당한 크기로 납작하게 썰어 놓는다.
5. 오이에 채 썰어 놓은 마늘, 생강, 고추, 배를 넣고 버무린
6. 김치국물을 준비해 버무려 놓은 오이에 붓는다.

18 고수김치

재료 및 분량

주재료 : 고수 1kg(절임용 소금 4큰술), 쪽파 50g

양념 : 찹쌀풀 ½컵, 소금 1작은술, 멸치액젓 3큰술, 다진 마늘 1 ½큰술, 다진 생강 1작은술, 고춧가루 ½컵, 매실청 2큰술

만드는 방법

1. 고수는 살짝 절였다가 씻어 건지고, 쪽파는 깨끗이 씻어서 준비해 놓는다.
2. 쪽파는 4cm 길이로 썰어 놓는다.
3. 찹쌀가루로 풀을 쑤어서 식혀 놓는다.
4. 마늘, 생강은 다져서 준비해 놓는다.
5. 찹쌀풀에 멸치액젓, 마늘, 생강, 고춧가루, 소금, 매실청을 넣고 양념을 만든다.
6. 볼에 고수와 쪽파 양념을 넣고 버무린다.
7. 고수의 잎이 연약하므로 너무 비비면 잎이 뭉그러지므로 가볍게 살살 버무려서 그릇에 담는다.

19 알타리김치

재료 및 분량

주재료 : 총각무 2kg, 굵은소금 ⅔컵, 쪽파 100g

*찹쌀풀 : 찹쌀가루 2큰술, 물 1컵

*양념 : 고춧가루 1컵, 다진 마늘 2큰술, 생강 1작은술, 멸치액젓 ½컵, 소금 1큰술, 새우젓 2큰술, 설탕 2작은술

Story Telling

- 총각무는 가로로 잘라 보아서 심이 없고 윗부분보다 아래쪽이 실한 것을 고른다.

만드는 방법

1. 총각무는 떡잎을 다듬고 무가 클 경우에는 2등분으로 을 넣어 깨끗이 씻는다.
2. 총각무가 잠길 정도의 물에 소금을 넣고 무쪽이 아래로 하고 무청이 위로 가게 하여 2시간 정도 절인다.
3. 쪽파는 손질하여 4 ~ 5cm 길이로 썰고 마늘, 생강, 새 은 다진다.
4. 찹쌀풀에 불린 고춧가루와 멸치액젓을 넣고 쪽파, 다진 늘, 생강, 설탕 등을 넣어 양념을 버무린다.
5. 준비한 양념을 총각무에 넣어 잘 버무린다.
6. 골고루 섞이도록 버무린 후 무청을 2~3개씩 묶어서 항 에 담는다.

20 비늘김치

재료 및 분량

주재료 : 동치미무 3개 (1.5kg), 배춧잎 6장, 굵은 소금 ¾컵, 쪽파 40g, 미나리 40g, 갓 30g

양념 : 다진 마늘 2큰술, 다진 생강 1작은술, 새우젓 ½컵, 소금 1작은술, 고춧가루 ½컵, 설탕 2큰술

Story Telling

무에 생선 비늘처럼 칼집을 넣어 그 속에 무채로 만든 소를 채워서 익힌 김치.
배추김치 사이사이에 한 켜씩 넣으면 김치도 싱싱해지고 맛이 있다.

만드는 방법

1. 무는 씻어서 통으로 길게 2등분하여 생선비늘 모양으로 3cm 정도 간격으로 어슷하게 칼집을 넣는다.
2. 배춧잎은 큰 것으로 골라서 소금물(소금:물=1:6)에 무와 함께 절이고 무는 칼집 넣은 부분이 밑으로 향하게 놓고 절인 후 씻어 물기를 뺀다.
3. 무 ½개를 곱게 채 썬다.
4. 쪽파, 미나리, 갓은 3cm 길이로 썰어 놓고 마늘, 생강, 새우젓은 곱게 다진다.
5. 무채에 고춧가루로 물을 들인 후, 준비한 양념들을 넣고 간을 맞춰 소를 만든다.
6. 절인 무 칼집 사이사이에 무채 소를 넣고 배춧잎으로 싸서 김치통에 꼭꼭 눌러 담는다.

경상도 김치

21 풋마늘김치

재료 및 분량

주재료 : 풋마늘 1kg, 굵은소금 4큰술

*양념 : 고춧가루 ½컵, 갈치속젓 2큰술, 멸치젓 2큰술, 설탕 1큰술, 매실청 3큰술, 다진 생강 1작은술, 통깨 3큰술, 소금 약간

만드는 방법

1. 풋마늘은 뿌리를 자르고 깨끗이 손질한 다음, 굵은 소금물 절였다가 헹구어 물기를 빼 놓는다.
2. 생강은 손질하여 다진다.
3. 고춧가루에 매실청과 설탕을 넣고 멸치젓국에 버무린 다 고춧가루가 불려지면 통깨를 넣고 풋마늘을 넣어 버무린
4. 버무린 풋마늘은 줄기 쪽을 잡아 풀어지지 않게 2~3뿌리 타래를 지어 항아리에 꼭꼭 눌러 담는다.

Story Telling

- 풋마늘은 연한 것으로 골라 담가야 질기지 않고 부드러우며 맛이 있다.
- 풋마늘은 아직 덜 여문 마늘이라는 뜻으로 봄철에 입맛을 돋워 주며 한방에서는 기를 보충하는 데 좋다고 한다.

22 사연지

재료 및 분량

주재료 : 배추 1포기(2.5kg), 굵은소금 1컵, 조기 2마리, 소금 1큰술

김치국물 : 물 5컵, 무 100g, 멸치 20g, 대하 5마리를 냄비에 넣고 끓인 후 체에 받쳐 굵은 소금 1큰술, 멸치 액젓 ½큰술, 매실청 2큰술을 넣어 간을 맞춘다.

양념 : 무 400g, 조기 2마리, 배 ¼개, 밤 4개, 석이버섯 5장, 대추 3개, 쪽파 30g, 대파 1대, 마늘 50g, 생강 10g, 설탕 ½큰술, 실고추 30g

Story Telling

경주 한정식에서 빼놓을 수 없는 사연지는 만드는 과정이 너무 까다롭기 때문에 갓 시집온 며느리들이 무명옷을 입고 삼 년 동안 이 김치만 담근다고 해서 '사연지 (사연이 많은 김치)' 라고 한다.

만드는 방법

1. 배추는 뿌리에 칼집을 넣어 4등분한 후 물 4컵에 굵은 소금 ½컵을 넣어 소금물에 넣었다가 건져 줄기에 소금을 약간씩 더 뿌려 중간에 뒤집어가며 6시간 정도 절인다.
2. 조기는 싱싱한 것으로 골라 비늘을 제거하고 포를 떠서 생강즙과 소금을 살짝 뿌려 둔다.
3. 무는 채썰고 쪽파는 4cm 길이로 자른다.
4. 배, 밤, 대추는 채썰고, 석이는 불려 곱게 채 썬다.
5. 대파, 마늘, 생강은 채를 썬다.
6. 절여진 배추를 깨끗이 씻어 물기를 뺀다.
7. 무채에 실고추를 넣어 붉은 색이 들게 한다. 여기에 준비한 재료를 모두 넣고 살살 버무려 소를 만든다.
8. 배춧잎 사이사이에 소를 넣고 배추 겉잎으로 감싸서 항아리에 눌러 담고 김치국물은 멸치 액젓으로 간간하게 간을 하여 배추가 잠길 정도로 부어 무거운 것으로 눌러 익힌다.

23 쑥갓김치

재료 및 분량

주재료 : 쑥갓 500g, 굵은 소금 2큰술, 쪽파 50g, 양파 ¼개

*양념 : 붉은고추 간 것 ⅓컵, 멸치액젓 3큰술, 매실청 2큰술, 다진 마늘 1작은술, 고춧가루 1큰술, 생강즙 1작은술, 설탕 1작은술

만드는 방법

1. 쑥갓은 굵은 줄기 부분을 잘라내고 깨끗이 씻어 둔다.
2. 소금물에 쑥갓을 1시간 정도 절였다가 건져 흐르는 물에 씻은 후 물기를 짜준다.
3. 양파는 채 썰어 준비한다.
4. 양념을 분량대로 넣고 섞어 놓는다.
5. 준비한 재료를 볼에 담아 양념과 버무려 준다.

Story Telling

- 쑥갓은 비타민 A와 칼슘이 풍부하며 칼로리가 낮고 소화가 잘 되는 알칼리성 식품이다. 감기예방, 면역력 강화 뿐 아니라 성인병 예방 및 불면증에도 효능이 있다.

24 부추김치

재료 및 분량

주재료 : 부추 1단(500g)

양념 : 고춧가루 ½컵, 멸치액젓 ½컵, 설탕 1 ½큰술, 소금 적당량, 매실청 3큰술, 찹쌀풀 ⅔컵(찹쌀가루 1큰술 + 물 ½컵), 생강 1작은술, 마늘 1큰술

Story Telling

· 부추는 비타민 A가 풍부한 건강 채소로 알리신이 풍부해 만성피로, 무력감을 예방하고 칼슘과 인, 비타민 B, C와 엽산이 풍부하여 강장 효과, 소화, 혈액순환 촉진, 설사 해소, 해열작용, 감기치료에 효과가 있다.

만드는 방법

1. 부추는 선명한 녹색을 띠고 잎이 도톰하면서 길이가 짧은 것으로 골라 잡티 없이 하여 흐르는 물에 살살 비비면서 씻은 후 물기를 뺀다.
2. 물 ⅔컵에 찹쌀가루 1큰술을 혼합하여 잘 푼 후 냄비에 넣고 잘 저으면서 끓여 찹쌀풀을 쑤어 차게 식힌다.
3. 식힌 찹쌀 풀에 고춧가루와 멸치액젓을 혼합한 후 설탕, 매실청, 소금을 넣어 양념을 만든다.
4. 김치양념에 부추를 넣고 가볍게 버무린 다음 1시간 정도 두었다가 김치통에 담고 숙성시킨다.

25 가지김치

재료 및 분량

주재료 : 가지 10개, (굵은 소금 4큰술+물 5컵), 풋고추 2개, 부추 50g, 무 100g, 쪽파 50g, 양파 ½개, 실고추

*양념 : 붉은고추 간 것 ½컵, 고춧가루 2큰술, 다진 마늘 2큰술, 다진 생강 1작은술, 새우젓 3큰술, 설탕 1작은술

*보리물 : 보리쌀 ½컵에 물 3컵을 붓고 끓여 국물이 1컵 정도 남을 때 체에 밭쳐 보리국물을 만든다.

Story Telling

• 가지의 보라색에는 안토시아닌, 폴리페놀 성분 등이 들어있어 암을 예방하는 식물 활성 영양소가 풍부하다. 특히 장 내부의 노폐물을 제거해 대장암 발생률을 낮춰준다.

만드는 방법

1. 가지는 양끝을 깔끔하게 다듬어 열십자 칼집을 낸 다음 소물에 절여 물기를 짠다.
2. 홍고추는 커터기를 이용하여 갈아서 준비한다.
3. 무, 양파는 2cm 길이로 채를 썰어 둔다.
4. 쪽파와 부추는 3cm 길이로 썬다.
5. 마늘과 생강은 다지고 풋고추는 곱게 채를 썰어 준비한다
6. 분량의 양념에 무와 부추, 쪽파, 양파를 넣고 섞는다.
7. 양념을 가지 속에 넣은 후 항아리에 차곡차곡 눌러 담는ㄷ
8. 남은 양념에 보리물을 부어 소금간을 한 다음, 항아리에 고 익힌다.

26 톳김치

재료 및 분량

주재료 : 톳 500g, 홍고추 1개, 쪽파 50g, 양파 100g
양념 : 멸치액젓 3큰술, 매실청 2큰술, 다진 마늘 1큰술, 고춧가루 4큰술, 다진 파 1작은술, 설탕 1작은술, 깨소금·소금 약간

Story Telling

• 3~4월이 제철인 톳에는 칼슘, 요오드, 철 등의 무기염류가 풍부하여 혈관 경화를 막아주며, 치아 건강에 도움이 된다. 임산부의 경우 태아의 뼈를 튼튼하게 해 준다.

만드는 방법

1. 톳은 질긴 줄기를 잘라가며 깨끗이 다듬어 씻어서 적당한 크기로 먹기 좋게 썰어 놓는다.
2. 냄비에 톳이 푹 잠길 정도로 물을 붓고 끓인다. 물이 끓으면 소금을 넣고 톳을 살짝 데쳐 찬물에 행구어 물기를 뺀다.
3. 홍고추는 채썰고, 쪽파는 4cm 길이로 썬다.
4. 그릇에 멸치액젓과 홍고추, 쪽파 등 모든 양념을 넣은 뒤 골고루 섞어 양념을 만든다.
5. 톳을 양념에 넣고 살살 버무린 다음 쪽파를 넣고 다시 한번 버무려 주면 톳김치가 완성된다.

27 더덕지

재료 및 분량

주재료 : 더덕 30개(600g), 소금물(굵은 소금 5큰술+물 2컵)

*양념 : 새우젓 ⅓컵, 고운 고춧가루 ⅓컵, 고추장 ½컵, 마늘 2큰술, 설탕 1큰술, 고운소금 적당량

만드는 방법

1. 더덕은 껍질을 벗기고 깨끗이 씻어 굵은 소금으로 절여 물를 빼고 방망이로 자근자근 두드린다.
2. 새우젓은 건지를 건져 곱게 다져 놓고, 미지근한 물 ⅓컵 고춧가루를 넣어 불린다.
3. 그릇에 불린 고춧가루와 새우젓, 고추장, 마늘, 생강을 어 고루 섞는다.
4. 더덕을 3.의 양념에 버무려 항아리에 꼭꼭 눌러 담는다.

Story Telling

• 더덕에는 사포닌, 이눌린, 플라보노이드 등이 함유되어 있어 신진대사를 활발하게 하고, 활성산소를 제거하여 노화를 예방해 준다. 또한 피부미용애 좋고 해독작용, 기관지염치료, 자양강장식품으로서의 효능도 있다.

28 골곰짠지

재료 및 분량

주재료 : 무말랭이 50g, 말린 배춧잎 50g, 고춧잎 20g, 엿기름 ½컵컵

양념 : 찹쌀풀 1컵, 고춧가루 1컵, 다진마늘 3큰술, 멸치액젓 1컵, 생강 1작은술, 멸칫가루 2큰술, 고추씨 3큰술, 물엿 ½컵

Story Telling

무말랭이가 건조되면서 식이섬유가 응축되어 말리기 전의 무보다 식이섬유가 15배 더 들어 있으며 칼슘, 철분이 다량 함유되어 있어서 빈혈이나 골다공증 예방에 효과적이다.

만드는 방법

1. 무말랭이와 고춧잎은 물에 담가 살짝 불린다.
2. 배추는 소금에 절였다가 햇볕에 말려서 따뜻한 물에 씻어 적당한 크기로 썬다.
3. 엿기름 가루 반컵에 물 2컵을 붓고 체에 받친 엿기름 물에 찹쌀가루 2큰술 넣고 풀을 쑨다.
4. 3.의 찹쌀풀에 양념을 섞어 둔다. 분량의 재료와 양념을 함께 넣고 버무린다.
5. 1.에 4.를 버무려 용기에 눌러 담아 냉장 보관한다.

29 토란김치

재료 및 분량

주재료 : 토란 1kg, 쪽파 50g, 홍고추 3개, 다시마 20g

*양념 : 고춧가루 ½컵, 다시물 ½컵, 멸치액젓 ⅓컵, 설탕 1큰술, 마늘 2큰술, 생강 1작은술

*다시마국물 : 물 2컵에 다시마를 넣고 끓여 다시물을 낸다.

만드는 방법

1. 토란은 껍질을 벗기고 쌀뜨물에 담갔다가 끓는 물에 데쳐 낸
2. 쪽파는 4cm 길이로 썰고 홍고추는 어슷 썰어 준비한다.
3. 데쳐낸 토란은 소금에 절인 다음 씻어 건진다.
4. 고춧가루에 다시마 국물을 넣어 고춧가루를 불려 둔다.
5. 불려둔 고춧가루에 멸치액젓과 양념을 넣어 섞는다.
6. 토란을 양념에 버무려 용기에 꼭꼭 눌러 담는다.

Story Telling

· 토란의 미끈거리는 성분은 무틴으로 체내에서 글루크론산을 만들어 간장이나 신장을 튼튼히 해 주고 노화방지에도 좋다. 토란의 아린 맛을 내는 수산석회가 체내에 축적되면 결석의 원인이 되는데, 이 때 당질과 요오드 성분이 들어있는 다시마와 함께 먹으면 좋다.

북한지역 김치

30 냉면김치

재료 및 분량

주재료 : 배추 1포기(2.5kg), 소금물 (소금 1컵, 물 5컵), 무 1개, 굵은 소금 ⅓컵

*양념 : 고운 고춧가루 4큰술, 다진 마늘 2큰술, 다진 생강 1작은술

*김치 국물 : 물 7컵, 소금 2큰술, 설탕 2큰술

만드는 방법

1. 배추는 겉잎을 떼어내고 안으로 자른 다음 분량의 물과 을 이용하여 6시간 절인다.
2. 배추가 숨이 죽으면 찬물에 맑은 물이 나올 때까지 행구 쿠리에 담아 물기를 뺀다.
3. 무는 0.3cm 두께로 채썰어 소금을 뿌려 절인 후, 고춧가 넣어 색을 낸다.
4. 마늘과 생강은 손질하여 곱게 다진다. 3.에 곱게 다진 과 생강을 버무려 김치소를 준비한다.
5. 4.에서 준비한 김치소를 2~3켜씩 발라 준 다음, 겉잎으 체를 잘 싸준다.
6. 냉면김치 국물을 만들어 붓는다.

31 호박김치

재료 및 분량

주재료 : 늙은 호박 1개, 배추 우거지 1kg, 무청 1kg, 굵은 소금 2컵, 쪽파 30g, 갓 30g

양념 : 다진생강 2큰술, 갓 100g, 다진마늘 5큰술, 고춧가루 1 ½컵, 황석어젓 ½컵, 새우젓 ½컵, 소금 2큰술

Story Telling

절인호박을헹굴때호박이무르기때문에호박의물기를뺄때눌러서 짜면 모양이 으깨어지기 쉽다.

절인우거지와무청을헹굴때오랫동안헹구면무청과우거지가절인 효과가 없어지기 때문에 최소한으로 헹구어 준다.

항아리 마지막 위에 배춧잎을 덮는 이유는 부패를 막기 위해서이다.

찌개로 끓여 먹으면 별미다.

만드는 방법

1. 김장을 하고 남은 배추우거지와 무청은 김장 배추에 절였던 소금물에 넣어 같이 푹 절인다.
2. 호박은 반으로 잘라 씨를 제거하고 껍질을 벗겨서 1cm 두께로 썬 다음 소금을 뿌려 1~2시간 절인 후 씻어 물기를 뺀다.
3. 황석어젓은 살을 발라내고 나머지는 같은 양의 물을 부어 팔팔 끓인 다음, 소쿠리에 한지를 깔고 걸러서 맑은 젓국을 낸다.
4. 절인 우거지와 무청은 흐르는 물에 헹구어 소쿠리에 건져 물기를 빼고 다듬어 놓은 갓, 쪽파도 함께 4~5cm 길이로 썬다.
5. 준비한 우거지, 호박을 먼저 고춧가루에 버무린 다음 쪽파와 갓을 넣은 후 나머지 양념을 넣어 버무린다.

32 닭김치

재료 및 분량

주재료 : 영계 1마리, 열무김치 500g, 얼음 200g, 소고기 300g

*부재료 : 고추장 1큰술, 간장 ½큰술, 설탕 3큰술, 쪽파 1줄기, 깨소금, 식초 3큰술, 소금 ½큰술

만드는 방법

1. 영계는 배를 갈라 깨끗이 씻어 준비한다.
2. 소고기는 살로만 곱게 다져 고추장, 깨소금, 다진파, 간 넣고 양념하여 덩어리로 만든 후, 닭의 뱃속에 넣고 조리용 로 잘감아 맨다.
3. 냄비에 2.의 영계를 넣고 잠길마큼 물을 부어 살이 무 록 삶은 후 식으면 닭살만 찢어 준비하고 육수는 식혀서 보에 걸러 준비한다.
4. 3.의 닭육수에 간장, 식초, 설탕으로 맛을 내고 열무 김 물을 섞어 간을 맞춘다.
5. 냉면그릇에 잘익은 열무김치와 준비한 찢은 닭살을 번 담고 4.의 육수를 붓고 잣과 얼음을 띄어낸다.

Story Telling

· 닭김치는 여름 한 철 술안주로 적당하고 연회를 열 때에도 좋다.

33 참나물김치

재료 및 분량

주재료 : 참나물 500g

양념 : 고춧가루 5컵, 까나리 액젓 3큰술, 다진 마늘 1큰술, 다진 생강 ½작은술, 쪽파 10g, 들깨가루 2큰술

만드는 방법

1. 참나물을 깨끗이 씻어서 준비한다.
2. 쪽파는 깨끗이 씻어 4cm 길이로 썬다.
3. 1.의 참나물에 분량의 양념을 넣어 버무려 항아리에 담는다. 2~3일 후면 익어서 먹기에 적당하다.

Story Telling

- 참나물 김치는 향기롭고 시원하며 독특한 맛을 내는 김치이다. 참나물 김치를 담글 때에는 칼을 대지 말고 손으로 깨끗이 다듬어 씻어야 제 맛이 난다.
- 참나물 김치는 2~3일 후면 먹기 좋은 상태가 된다.
- 참나물은 향채의 하나로 샐러리와 미나리를 합친 듯, 상쾌하면서도 독특한 향기가 있어서 입맛을 잃기 쉬운 봄철에 좋다. 또한 비타민이나 철분, 칼슘 등이 많이 함유되어 있어서 영양가 높은 건강식품이다. 양념을 적게 사용해야 참나물의 향이 산다.

34 대구깍두기

재료 및 분량

주재료 : 대구 1.6kg, 무 4개, 배추 1포기(2.5kg), 굵은 소금 2컵

*부재료 : 쪽파 200g, 갓 200g, 미나리 200g, 대파 5대, 마늘 6큰술, 생강 2큰술, 고춧가루 3컵, 새우젓 ½컵, 소금

*양념 : 마늘 1컵, 생강 2큰술, 고춧가루 3컵

만드는 방법

1. 고르고 큼직한 무를 골라 무청의 겉대는 떼고 속대를 골라낸다. 통무를 솔로 깨끗이 씻는다.
2. 무는 5cm로 토막을 내고 세워서 반으로 가른 후 1~2cm 두께로 두툼하게 썰어 소금 한 컵에 절여서 소쿠리에 쏟아 물을 뺀다.
3. 배추는 겉잎을 떼어 내고 2~4 등분으로 갈라 소금물에 6시간 가량 절여 냉수에 깨끗이 헹구어 내어 소쿠리에 앞 놓았다가 4cm 길이로 썬다.
4. 무청도 배추 절이는 소금물에 같이 절여 헹군 후 4cm 길 로 썬다.
5. 쪽파와 갓, 미나리는 다듬어 씻어서 4cm 길이로 썰고, 대 는 흰 부분만 어슷하게 채 썬다.
6. 생강, 마늘은 껍질을 벗겨 씻어서 절구에 찧는다.
7. 대구는 비늘을 긁고 내장과 아가미를 뺀 후 반을 갈라 소금 뿌려 하룻밤 절여 두었다가 물기를 눌러 뺀다.
8. 절인 무와 무청, 배추를 합하여 고춧가루를 넣고 붉게 물 인 후 마늘과 생강 등의 양념을 넣어 섞는다.
9. 갓, 미나리, 대파를 넣고 가볍게 섞은 후 새우젓과 4cm 길 로 토막낸 대구를 넣어 소금간을 더해 버무린다.
10. 대구머리와 아가미는 항아리 밑에 깔고 버무린 김치를 넣 담고 우거지를 덮는다.

35 명태김치

재료 및 분량

주재료 : 무 4kg, 배추 2.5kg, 명태 1kg, 굵은 소금 2컵
부재료 : 쪽파 100g, 갓 300g, 미나리 200g, 대파 4대
양념 : 마늘 1컵, 다진 생강 2큰술, 고춧가루 3컵, 새우젓 ½컵, 소금 약간

만드는 방법

1. 통무를 솔로 깨끗이 문질러 씻은 다음 무는 5cm로 토막을 내고 세워서 반으로 가른 후 1~2cm 두께로 썰어 소금 한 컵에 절여 소쿠리에 쏟아 물을 뺀다.
2. 배추는 겉잎을 떼어 내고 반으로 쪼개서 물 2L에 소금 2컵을 풀어 담가서 6시간 절인 다음 물에 깨끗이 헹구어 물기를 제거하여 4cm 길이로 썬다.
3. 무청은 배추 절이는 소금물에 같이 절여 헹군 후 4cm 길이로 썬다.
4. 쪽파와 갓, 미나리는 다듬어 씻어 4cm 길이로 썰고 대파는 흰 부분만 어슷하게 채 썬다.
5. 명태는 비늘을 긁고 내장과 아가미를 뺀 후 반을 갈라 소금을 뿌려 하룻밤 절여 두었다가 물기를 눌러 제거한다.
6. 절인 무와 무청, 배추를 합하여 고춧가루를 넣고 붉게 물들인 후 마늘과 생강 등의 양념을 넣어 섞는다.
7. 갓, 미나리, 대파를 넣고 가볍게 섞은 후 새우젓과 4cm 길이로 토막낸 명태를 넣고 소금간을 더하여 버무린다.
8. 명태머리와 아가미는 항아리 밑에 깔고 버무린 김치를 눌러 담고 우거지를 덮는다.

36 달래 젓김치

재료 및 분량

주재료 : 달래 1kg, 무 500g,

*양념 : 고춧가루 1컵, 멸치액젓 ½컵, 소금 약간

만드는 방법

1. 달래를 뿌리째로 씻는다.
2. 젓갈의 건더기가 큰 것은 잘게 썰거나 다진다.
3. 무를 굵직하게 채친 다음 달래와 함께 고춧가루, 소금, ㅈ (국물 포함) 등에 버무려 단지에 꼭꼭 눌러 담는다.

Story Telling

· 달래와 무를 섞어서 젓갈을 넣고 담근 김치로 달고 향기롭다. 젓갈을 넣고 담그는 김치는 따로 김치 국물을 붓지 않고 제 물에 익히면 좋은 밥반찬이 된다.

37 겨자김치

재료 및 분량

주재료 : 통배추 1kg, 마른 표고 3개, 미나리 20g, 생전복 200g, 쪽파 5줄기

김치 속 양념 : 마늘 20g, 생강 5g, 굵은 소금 ⅔ 큰술, 설탕 20g, 겨자 2큰술, 실고추 5g, 소금 1큰술

Story Telling

- 포기 배추는 한꺼번에 썰면 보기에 흉하므로 시간이 걸리더라도 반드시 한 잎씩 떼어 전체적으로 크기가 같도록 써는 것이 좋다.
- 실고추를 넣은 다음 배추를 버무리면 배추에 붉은 물이 들기 때문에 배추를 먼저 넣어 버무리다가 실고추를 넣어 마무리 한다.

만드는 방법

1. 통배추의 푸른 잎을 다듬어 흰 줄기만 사방 2cm 되게 썰어 소금에 약간 절인 후 숨이 죽으면 찬물에 씻어서 물기를 제거해준다.
2. 미나리는 줄기만 2cm 길이로 썰고, 배는 껍질을 벗겨서 길이가 2cm×2cm×0.5cm 정도 되게 썰어 설탕을 약간 뿌려서 색이 변하지 않도록 하고, 표고는 찬물에 불려 깨끗이 씻은 후 편썰어 준비한 다음 전복은 내장을 제거하여 표고 두께 정도로 썰어서 준비한다.
3. 위의 손질한 재료와 양념들을 함께 섞고 겨자를 넣어 골고루 버무린 후 소금으로 간을 맞춘 다음 항아리에 꼭꼭 눌러 담아낸 후 2~3시간 쯤 지난 다음 소금물을 삼삼하게 타서 자박하게 붓는다.

38 갓김치

재료 및 분량

주재료 : 갓 1단, 소금물(물 8컵, 굵은 소금 ½컵), 쪽파 ½단,

*양념 : 멸치젓국 ¾컵, 고춧가루 ⅓컵, 마늘채 1½작은술, 생강채 1작은술, 설탕 1½작은술)

Story Telling

- 갓은배추김치처럼물에여러번씻으면소금기가빠지면서섬유질이 다시살아나므로절대헹구지말아야한다.절여진채로소쿠리에담아 물기를 빼는 것이 중요하다.

만드는 방법

1. 갓은 뿌리를 칼로 살살 긁어 다듬고 잎은 대강 뜯어 다듬 깨끗이 씻는다.
2. 1.의 갓을 소금물에 1시간 절여서 그대로 소쿠리에 담아 물 뺀 다음 길이 6~7cm 정도로 썰어둔다.
3. 쪽파는 뿌리를 자르고 6~7cm 잘라둔다.
4. 생강과 마늘은 채쳐 둔다.
5. 분량의 양념을 만든다.
6. 물기 뺀 갓에 5.의 양념을 버무려 항아리에 담는다. 항아 에 담은 김치 위에 우거지를 덮고 큰 돌로 꼭 눌러 두고 으 의 김칫국물을 해 붓는다.

39 가자미식해

재료 및 분량

주재료 : 가자미 1.2kg, 메조 1컵, 무 500g, 굵은 소금 1컵
양념 : 엿기름 ½컵, 고춧가루 ⅔컵, 다진 마늘 3큰술, 다진 생강 1작은술, 다진 파 3큰술, 설탕 1큰술, 청주 2큰술, 소금 3큰술

Story Telling

1. 가자미는 손바닥보다 작은 참가자미로 고른다.
2. 메조를 지을 때는 밥을 지을 때처럼 불리지 않은 쌀과 물은 1:1:5 비율로 하여 밥을 짓는다.
3. 메조는 돌이 많으므로 손질할 때는 세심하게 돌을 골라내어 줘야 한다.
4. 양념을 만들 때 청주를 넣으면 가자미의 냄새제거에 도움을 준다.
5. 재료를 버무릴 때 가자미에 마른 고춧가루를 버무려 주어야 양념이 고루 버무려 진다.

만드는 방법

1. 가자미는 칼로 비늘을 긁어 내고 머리와 내장을 제거한 후 1cm 굵기의 통으로 썰어 굵은 소금 ½컵을 뿌리고 그 위에 비닐을 덮은 다음 3~4시간 실온에 두었다 4~5℃에서 3~4일 발효시킨다.
2. 메조는 고슬고슬하게 밥을 지어 식힌다.
3. 엿기름은 분쇄기에 갈아 고운체에 거른 후 양념을 만들어 섞는다.
4. 1.과 2.에 3.의 양념 ½을 넣고 버무린 후 숙성시킨다.
5. 무도 굵은 채로 썰어서 굵은 소금 ½컵에 절여 물기를 짠 후 3.의 양념을 넣고 버무린다.
6. 4.와 5.를 함께 섞어 항아리에 꼭꼭 눌러 담는다.

40 한치김치

재료 및 분량

주재료 : 한치 500g, 배추 1포기(2.5kg), 배 ½개
*양념 : 실고추 10g, 고춧가루 1컵, 생강 10g, 새우젓 ½컵, 파 60g, 마늘 60g
*소금물 : 굵은 소금 1컵, 물 5c

만드는 방법

1. 배추는 겉잎을 떼어 내고 칼집을 넣어 반으로 쪼개서 분량 소금과 물을 이용하여 6시간 절인다.
2. 절여진 배추는 씻어서 헹구어 물기를 뺀 다음 먹기 좋은 크로 손으로 찢어 놓고 파는 4cm 길이로 썰어준다.
3. 한치는 손질하여 가로 1cm, 세로 5cm 크기로 썰어둔다.
4. 배는 강판에 갈아서 준비하고 생강, 마늘은 채를 썰어둔다
5. 새우젓에 배즙 · 고춧가루를 넣어 버무려 둔다.
6. 한치에 손질한 파 · 마늘 · 생강 · 실고추를 넣고 살짝 고가루로 버무린 다음 배추와 5.번을 넣고 버무려 항아리에 꼭 눌러 담는다.

서울 김치

41 감동젓 무김치

재료 및 분량

주재료 : 배추 1포기(2.5kg), 무 1개, 절임용 굵은 소금 1컵,
쪽파 200g, 미나리 100g, 배 1개, 생강 20g,
잣 4큰술, 생굴 100g, 낙지 1마리, 전복 2마리,
북어 1마리, 설탕 약간

*양념 : 감동젓 ½컵, 매실청 3큰술, 고춧가루 1컵,
마늘 100g, 생강 20g, 소금 약간

Story Telling

· 감동젓은 일명 곤쟁이젓이라 부르며 아주 작고 붉은빛이 도는 작은 새우로 담은 젓갈이다. 서울 지방의 대표적인 고급김치이다.

만드는 방법

1. 배추는 줄기가 얇은 것으로 골라 밑부분에 칼집을 넣어 조 다음, 소금에 절여 물에 씻어 수분을 뺀다.
2. 1.의 배추를 2.5×2.5 폭으로 썰어 놓는다.
3. 무 · 배는 2.5×2.5×0.3cm로 썰어 설탕에 잠시 재워 수분을 빼
4. 쪽파와 미나리를 씻어서 2.5cm로 썰어 놓는다.
5. 마늘, 생강은 곱게 다진다.
6. 밤은 껍질을 벗긴 다음 편 썰기한다.
7. 전복은 소금으로 문질러 씻어 껍질에서 살을 뗀 다음 얇 저민다.
8. 북어 물에 불려서 비늘을 제거하고 2.5cm로 썰어 놓는다
9. 굴 · 낙지는 소금물에 씻어서 수분을 뺀 다음 2.5cm로 썰 놓는다.
10. 감동젓에 마늘, 생강, 매실청, 고춧가루를 넣고 2., 3.을 어 버무리고 잣과 4, 6, 7, 8, 9.를 넣어 버무려서 소금 로 간하여 항아리에 담는다.

42 석박지

재료 및 분량

주재료 : 배추 1포기(2.5kg), 무 1개(2kg)
미나리 100g, 실파 200g, 갓 300g, 낙지 1마리, 굴 1컵

양념 : 대파 1뿌리, 마늘 50g, 생강 20g, 고춧가루 1컵, 실고추 5g, 새우젓 ½컵, 황석어젓 ½컵,

만드는 방법

1. 무는 3×4×0.5cm로 썰어서 소금을 넣고 절여 수분을 뺀다.
2. 배추는 소금을 넣고 절여 씻어서 수분을 뺀 다음, 4cm 길이로 썬다.
3. 미나리 · 갓 · 실파는 3cm 길이로 썰어놓고 마늘 · 생강 · 대파를 곱게 다진다.
4. 황석어젓의 머리와 뼈는 끓여 체에 내리고 살은 새우젓과 함께 다진다.
5. 굴, 낙지, 소금물에 씻어 수분을 뺀 다음에 낙지는 3cm 길이로 썬다.
6. 무, 배추에 고춧가루를 넣고 물들인 다음, 파 · 마늘 · 생강, 넣고 무친다.
7. 6.에 모든 재료를 넣고 버무려 항아리에 담는다.

43 오이송송이

재료 및 분량

주재료 : 무 ½개, 오이 6개, 절임용 굵은 소금 ½컵
*양념 : 대파 1뿌리, 마늘 50g, 생강 10g, 고춧가루 ⅔컵, 새우젓 4큰술, 부추 50g, 미나리 50g, 쪽파 50g, 굵은 소금 약간

만드는 방법

1. 오이는 씻어 소금에 문질러 다시 씻어서 1×1.5×1cm로 썰 소금에 절인다.
2. 무는 단단하고 매끄러운 것을 골라 깨끗이 씻어 1×1.5×1 썰어 소금에 절인다.
3. 파와 미나리 · 부추는 2cm 크기로 썰어 놓는다.
4. 새우젓 · 생강 · 마늘을 곱게 다진다.
5. 절인 오이와 무에, 고춧가루를 넣고 빨갛게 물들인 다음 머지 양념과 부재료를 넣고 버무린다.

Story Telling

· 궁중에서는 깍두기를 송송이라 하였고 크기를 작게 썰어 만들었다.

44 나박김치

재료 및 분량

주재료 : 무 ½개, 배추 500g, 마늘 50g, 생강 1톨, 고춧가루 5큰술, 미나리 50g, 쪽파 50g, 잣 1큰술, 소금 3큰술

국물 : 물 8컵, 배 1개, 다시마 5cm

Story Telling

모양이 예쁘고 담백하여 특별한 날 별미로 담근다.

만드는 방법

1. 단단한 무를 골라 씻어서 2.5×2.5×0.3cm로 썰어 놓는다.
2. 배추도 2.5×2.5×0.3cm로 썰어 놓는다.
3. 1, 2.에 소금을 넣고 살짝 절인다.
4. 쪽파 · 미나리는 2.5cm로 썰어 놓는다.
5. 홍고추 · 파 · 마늘 · 생강을 2.5cm로 곱게 채 썬다.
6. 배는 강판에 갈아 즙을 낸다.
7. 다시마에 물 8컵을 넣고 끓여 체에 내린다
8. 고춧가루를 면보에 싸서 불린 다음 3.의 재료에 물들인다.
9. 6. 7.의 국물재료에도 고춧가루를 불려 면보에 싸서 곱게 색을 낸다.
10. 8.에 홍고추, 파, 마늘, 생강, 미나리, 쪽파를 넣고 버무리다가 9.의 국물을 붓고 소금으로 간하여 잣을 띄운다.

45 석류김치

재료 및 분량

주재료 : 배춧잎 30장, 작은 동치미 무 1kg(알타리무 1kg), 굵은 소금 ½컵, 미나리 100g, 실파 50g, 밤 5개, 대추 5개, 영양부추 50g, 잣 2큰술, 석이 5장,
표고 3장

*양념 : 마늘 50g, 생강 20g, 홍고추 2개, 소금 약간

*국물 : 다시마 10cm, 새우젓국물 약간, 물 10컵, 소금 약간

만드는 방법

1. 무는 3cm 높이로 썰어 밑부분 1cm를 남기고 가로 0.7cm 간격으로 칼집을 넣어 소금에 절인다.
2. 미나리, 배춧잎도 소금을 넣고 절인다.
3. 무, 배추, 미나리를 소쿠리에 담아 수분을 뺀다.
4. 홍고추와 무는 1.5cm 길이로 곱게 채썬다.
5. 밤, 대추, 마늘, 생강도 곱게 채썬다.
6. 석이버섯을 깨끗이 씻어 이끼를 제거하여 곱게 채썬다.
7. 미나리, 실파, 영양부추는 1.5cm로 썰어 놓는다.
8. 4, 5, 6, 7.을 버무려 소금으로 간하여 1.의 칼집넣은 무 이사이에 끼워넣고 배춧잎으로 싸서 미나리로 묶은 다음 아리에 담는다.
9. 다시마를 넣고 물 3컵을 끓여 새우젓 국물과 소금으로 여 체에 내려 식으면 8.에 붓는다.

46 백김치

재료 및 분량

주재료 : 배추 2포기(5kg), 굵은 소금 2컵

소 만들기 재료 : 무채 5컵, 미나리 200g, 밤채 ½컵, 대추채 ½컵, 잣 4큰술, 대파 2뿌리, 마늘 100g, 홍고추 10개, 쪽파 100g, 갓 200g, 석이버섯 10장, 생강 약간

국물 : 양파 1개, 사과 ½개 , 배 ½개, 무 ½개, 물 10컵, 새우젓 ¼컵, 다시마 10cm, 굵은 소금 적당량

Story Telling

오래 두고 먹는 김치는. 배, 사과, 양파의 즙을 내지 않고 통으로 칼집을 넣어 생수에 소금 간하여 국물을 만든다.

만드는 방법

1. 배추는 밑부분을 자르고 한 잎씩 떼어 소금에 절여 씻어 소쿠리에 담아 수분을 뺀다.
2. 미나리, 갓, 쪽파를 3cm로 썰고 대파, 마늘, 생강, 석이버섯, 홍고추를 곱게 채썬다.
3. 2.에 무채, 밤채, 대추채, 잣을 넣고 소금으로 간하여 소를 만든다.
4. 김발에 배춧잎을 넓게 펼치고 3.의 준비한 소를 놓고 말아 미나리로 묶어서 항아리에 담는다.
5. 다시마에 물을 붓고 5분간 끓인 다음 새우젓을 넣고 끓여 체에 내린다.
6. 양파, 사과, 배, 무를 강판에 갈아 즙을 낸다.
7. 5, 6.번을 섞어 소금으로 간하고 항아리에 붓는다.

47 별미 오이 소박이 물김치

재료 및 분량

주재료 : 오이 5개, 굵은 소금 5큰술
실파 40g, 무 400g, 홍고추 2개, 마늘 5쪽,
대파 1뿌리, 소금, 미나리 약간, 영양부추 100g

*국물 : 사과 ½개, 배 ½개, 무 400g, 양파 ½, 생강 약간,
다시마 국물 5컵, 새우젓 ½큰술, 밀가루 1큰술,
소금 약간

만드는 방법

1. 끓는 물에 소금을 넣고 오이를 데쳐서 길이로 등분ㅎ 2.5cm 길이로 썰어 칼집을 3번 넣고 소금에 절인다.
2. 무, 대파, 홍고추를 2cm로 곱게 채썬다. 실파, 미나 2cm 길이로 썰어 소금으로 간한다.
3. 찬물에 밀가루를 풀어 놓는다.
4. 다시마에 물 10컵을 넣고 끓으면 새우젓과 3.에 넣어 끓 체에 내린다.
5. 3.에 사과, 배, 무, 양파, 생강을 강판에 갈아 즙을 낸 ㄷ 소금으로 간하여 국물을 만든다.
6. 1.에 2.를 칼집 사이에 넣고 항아리에 담아 4.를 붓는다.

48 장김치

료 및 분량

재료 : 배추속대 400g, 무 600g
밤 200g, 배 1개, 미나리 100g, 갓 50g,
표고 4장, 석이버섯 4장, 대추 5개

념 : 파 2대, 마늘 50g, 생강 20g, 홍고추 2개,

물 : 진간장 ⅓컵, 물 8컵, 매실청 2큰술

만드는 방법

1. 무와 배추 2.5×2.5×3cm로 썰어 놓는다.
2. 마늘과 생강을 곱게 채 썬다.
3. 미나리와 갓을 2.5cm로 썰어 놓는다.
4. 홍고추와 파 흰부분도 2.5cm로 곱게 채썬다.
5. 밤은 편썰기하고, 배는 2.5×2.5×0.3cm로 썰어 놓는다.
6. 대추 돌려 가면서 씨를 발라내고 방망이로 밀어 곱게 채썬다.
7. 배추와 무를 간장으로 절인후 따라내고 2, 3, 4, 5, 6.를 넣고 버무려서 항아리에 담는다.
8. 7.의 따라놓은 진간장에 물을 붓고 매실청을 섞은 후 마무리로 간장을 넣어 간을 맞추고 항아리에 붓는다.

Story Telling

무에 생선 비늘처럼 칼집을 넣어 그 속에 무채로 만든 소를 채워서 익힌 김치

49 보쌈김치

재료 및 분량

주재료 : 배추 2포기(5kg), 무 1개, 굵은 소금 2컵
실파 50g, 미나리 100g, 갓 100g, 밤 5개,
배 ½개, 단감 1개, 낙지 150g, 생굴 ½컵,
잣 ½작은컵, 석이버섯 5장, 대추 10개

*양념 : 마늘 100g, 대파 2대, 생강 50g, 새우젓 ½컵, 고춧가루 1½컵, 매실청 4큰술

*국물 : 굵은소금 약간, 다시마 5cm, 새우젓 약간, 물 2컵

Story Telling

· 해물과 과일이 많이 들어간 김치이므로 오래 보관하면 맛이 떨어진다.

만드는 방법

1. 배추는 소금에 절인 다음 씻어서 소쿠리에 담아 수분을 빼
2. 무는 3×3×0.3cm로 썰어 소금에 살짝 절이고, 배 · 단감도 은 크기로 썬다.
3. 실파 · 미나리 · 갓을 3cm로 썰고, 굴 · 낙지는 손질하고 로 썬다.
4. 곱게 채 썬 대추, 대파, 마늘, 생강, 양념 재료를 넣고 으로 간을 맞추어 무, 배추, 배, 단감 순으로 넣어 버무린
5. 석이버섯과 대추도 손질하여 고명으로 준비한다.
6. 배추 겉잎을 그릇에 3~4장 펴 놓고 5.를 담고 고명을 얹어 춧잎으로 싸서 항아리에 담는다.
7. 우거지를 덮고 다시마 국물을 끓여 새우젓으로 심심하게 하여 국물 7.에 붓는다.
8. 익으면 그릇에 담고 배춧잎을 밖으로 말아 고명이 보이게 아낸다.

전라도 김치

50 오이소박이

재료 및 분량

주재료 : 오이 10개, 소금 ½ 컵

*절임소금물 : 물 5컵, 소금 5큰술

*소 : 부추 ⅓단, 홍고추 2개

*양념 : 고춧가루 7큰술, 멸치액젓 2큰술, 건새우가루 3큰술, 마늘 2큰술, 다진파 3큰술, 새우젓 1큰술, 매실 청 3큰술, 통깨 2큰술,

*찹쌀풀 : 다시마 · 멸치 육수낸 물 1컵에 찹쌀가루 2큰술, (찹쌀죽 ½컵)

만드는 방법

1. 오이는 소금으로 문질러서 씻어준다.
2. 절임 물에 오이를 통째로 담가서 푹 절인다. 2시간 정도 절
   후 채반에 건져 물기를 제거한다.
3. 절인 오이는 3cm 정도 토막을 내고 칼집을 3~4번 정도 서
   로 낸 후 끝이 떨어지지 않게 1cm 정도 남긴다.
4. 부추는 2cm 길이로 썰고, 홍고추는 채 썬 다음, 볼에 담고
   념소를 만든다.
5. 오이의 칼집 사이사이에 만들어 놓은 소를 채워 넣고 항아
   에 담아 실온에 보관한 후 익으면 냉장고에 보관해 두었다
   먹는다.

Story Telling

· 나른한 봄이 시작되어 입맛 찾을 김치가 뭐 있나 생각해보면 봄철에 맛이 드는 오이가 떠오른다. 조선오이(다대기오이)를 골라서 깨끗이 씻어 반 잘라서 칼집을 십자로 넣어 절인다음 오이소박이 소로는 조선부추를 골라 젓갈을 많이 쓰지 않고 익혀 먹게 되면 입맛을 돋우게 된다. 이것이 봄부터 여름에 해먹는 오이향이 그윽한 오이소박이 김치이다. 오이소박이는 빠르게 익으므로 젓갈은 약간만 넣는 것이 깔끔하다. 접시에 담아 낼 때에는 반 자르고 국물을 끼얹는다.

· 오이를 씻을 때 식초물에 담갔다가 헹구어 주면 농약성분 제거에 도움이 된다.

51 미나리김치

재료 및 분량

주재료 : 미나리 1단, 어슷 썬 홍고추 1개

양념 : 마른고추 10개, 멸치액젓 3큰술, 다진 마늘 1큰술,
고춧가루 3큰술, 통깨 1큰술, 배즙 2큰술,
매실청 3큰술, 소금 약간

만드는 방법

1. 미나리는 다듬어 깨끗이 씻어 물기를 빼고 7cm 정도로 자른다.
2. 냄비에 물을 넉넉히 붓고 끓여 소금을 넣고 살짝 데쳐내어 찬물에 헹군다.
3. 마른 고추는 씻어 불려서 3~4등분 하여 믹서에 갈아준다.
4. 3.에 나머지 양념을 모두 섞어서 미나리를 넣고 골고루 버무린 후 홍고추와 통깨를 넣고 소금으로 간을 맞춘다.

Story Telling

향긋한 냄새가 나는 미나리는 비타민이 많이 들어 있으며 식욕을 돋우고 정신을 맑게 해주며 변비에 효과가 있다. 전라도와 경상도 지방에서 많이 담가 먹는 허브김치이다.

담가서 일주일 이내에 먹도록 한다.

52 감김치

재료 및 분량

주재료 : 감 10개, 무 100g, 쪽파 50g

*절임소금물 : 물 1L에 소금 3큰술

*양념 : 고춧가루 5큰술, 사과즙 3큰술, 멸치액젓 5큰술, 설탕 1큰술, 매실청 2큰술, 통깨 1큰술, 다진 마늘 1큰술, 다진 파 2큰술, 생강 1작은술

*찹쌀풀 : 멸치육수 ½컵, 찹쌀가루 2큰술

Story Telling

· 초가을 약간 덜익은 감을 고추양념과 무채 등을 넣어 맵게 담근 별미김치이다. 무를 채 썰어 양념에 버무려서 담그기도 한다. 씹는 느낌이 아삭하여 싱그러우며 달콤한 맛이 나는 김치이다. 단감은 칼집을 넣어 절였다가 담가서 빨리 먹는 것이 좋다.

만드는 방법

1. 감은 열십자로 칼집을 넣어 소금물에 절인다.
2. 무 3cm 길이로 채썰고, 쪽파도 3cm 길이로 썰어 놓는다.
3. 파, 마늘, 생강은 다져서 준비하고 찹쌀풀은 쑤어서 식힌다
4. 절인 감은 씻어서 물기를 제거한다.
5. 찹쌀풀과 양념을 섞어서 버무려 칼집 넣은 감에 소를 넣어 준다.

53 전라반지

재료 및 분량

주재료 : 배추 1포기 (2.5kg)

절임소금물 : 물 2L, 굵은 소금 1컵

양념 : 무 100g, 배 ⅓개, 밤 3개 , 대추 3개, 갓 50g , 실파 50g, 파 ½대, 마늘 5톨, 미나리 30g, 표고버섯 1장, 석이버섯 2g, 고춧가루 5큰술, 새우젓 2큰술, 멸치액젓 2큰술, 소고기 편육

육수 : 소고기 양지머리 100g

김칫국물 : 육수 2컵, 물 5컵, 소금 3큰술, 배즙 ¼컵, 설탕 적당량

Story Telling

· 가을철에 동치미무와 배추, 배즙, 찹쌀풀 등을 넣어 맵지 않게 담그는 김치, 고춧가루가 조금 들어가 맛이 담백하고 구수하면서도 시원한 동치미 무의 맛이 일품인 김치이다. 나주지방에는 고춧가루를 넣지 않은 반지라는 물김치도 있다.

만드는 방법

1. 배추는 뿌리 밑 동을 다듬고 칼집을 반만 넣어 손으로 쪼갠다. 굵은 소금물에 6시간 정도 절였다가 씻어 물기를 빼 둔다.
2. 무는 깨끗이 씻어 4cm 길이로 채 썰고, 배와 밤은 껍질을 벗기고, 대추는 돌려깍은 후에 채를 썬다.
3. 표고와 석이도 불려서 채 썬다.
4. 갓 · 미나리 파는 깨끗이 씻어 4cm 길이로 썬다.
5. 양지머리는 물을 넉넉히 넣고 푹 끓여 식힌 다음, 기름을 걷어내고 면보에 거른다. 소고기는 편으로 썬다.
6. 무채를 먼저 고춧가루로 버무려 물을 들이고 양념과 채소를 넣어서 섞은 후 함께 버무린다.
7. 물이 빠진 배춧잎 사이사이에 소를 넣고 겉잎으로 양념이 흘러 나오지 않게 감은 후, 항아리에 차곡차곡 담아서 꼭꼭 누른 다음에 김칫국물을 붓는다.

54 우엉김치

재료 및 분량

주재료 : 우엉 300g, 부추 50g, 통깨 1큰술
*절임 소금물 : 물 1컵, 소금 2큰술
*양념 : 다진 마늘 2큰술, 고춧가루 3큰술 , 멸치액젓 3큰술, 배즙 2큰술, 매실청 2큰술
*찹쌀 죽 : 멸치육수 ⅓컵에 찹쌀가루 1큰술

Story Telling

• 우엉김치는 독특한 우엉의 향기와 뿌리채소의 약리효과가 있는 산채김치이다. 우엉은 당질의 일종인 이눌린이 풍부해서 신장기능을 높여주고 풍부한 섬유질이 배변을 촉진하여 다이어트에 효과적입니다. 또한 리그린이라는 성분이 포함되어 항균작용을 한답니다.

만드는 방법

1. 우엉은 칼등으로 살살 긁거나 필러로 껍질을 벗겨 씻은 다 납작하게 어슷 썰거나 나무젓가락 크기 굵기인 5cm 정도 썰어서 20분 정도 절였다가 씻어서 물기를 제거한다.
2. 부추는 3cm 길이로 썰어서 준비한다.
3. 볼에 우엉을 넣고 준비한 양념으로 고루 버무린 후 깨끗이 질하여 부추와 통깨를 넣고 소금으로 간을 한다.
4. 생김치로 먹어야 맛이 있으므로 냉장보관해서 먹는다.

55 풋고추김치

재료 및 분량

주재료 : 풋고추 15개 , 잘게 채 썰어 준비한 무 100g, 부추 20g, 홍고추 2개, 양파 2큰술

절임소금물 : 물 1½컵, 소금 2½큰술

양념 : 찹쌀 풀 3큰술, 고춧가루 3큰술, 멸치액젓 6큰술, 다진 마늘 2큰술, 멸치 육수 5큰술, 통깨 1큰술, 매실청 3큰술, 소금 약간

만드는 방법

1. 풋고추는 중간정도의 반듯하고 신선한 것으로 골라서 꼭지를 1cm 정도 남기고 길이로 칼집을 넣어 소금물에 절인다음 씨를 뺀다.
2. 볼에 송송썬 부추와 다진 홍고추 및 양파를 넣고 양념재료를 넣어 고루 섞어서 소을 만든다.
3. 1.의 고추에 2.의 소를 채워 넣고 항아리에 담는다.
4. 오래 보관이 안 되므로 실온에 3시간 정도 두었다가 냉장고에 보관한다.

Story Telling

풋고추김치는 여름김치인데 요즘은 제철에 담가 먹지 않아도 사계절에 풋고추를 구할 수 있어서 참 좋은 시대이다. 원래 풋고추김치는 여름김치라서 이른 여름부터 담아먹는 김치이다.

풋고추는 모양이 곧고 통통한 것을 골라서 연한 소금물에 절여서 반 자르고, 무는 채를 썰고 부추를 송송 썰어 양념에 버무려서 속을 넣어 먹는 풋고추 김치이다. 매운성분인 캡사이신이 위액분비를 촉진하여 식욕을 돋우며 혈액순환과 지방분해작용을 하여 칼로리를 낮출 수 있어서 위가 약한 사람이 아니면 즐겨먹어도 좋다.

56 콩나물김치

재료 및 분량

주재료 : 콩나물 1kg, 홍고추 2개, 소금 약간

*양념 : 건 고추 10개, 멸치액젓 3큰술, 배즙 3큰술, 다진 마늘 1큰술, 고춧가루 2큰술

만드는 방법

1. 콩나물은 머리와 뿌리를 떼어내고 씻은 다음 물기를 빼놓는
2. 끓는 물에 소금을 넣고 콩나물을 넣어 데쳐낸 다음, 물기 뺀다.
3. 마른 고추는 씻어 불려서 3~4등분 하여 믹서에 갈아준다
4. 볼에 콩나물과 양념재료를 넣고 살살 버무린 후 홍고추 통깨와 소금으로 간을 한다.
5. 콩나물김치는 냉장고 안에서도 오래 보관이 안 되므로 3 일 내에 먹는것이 좋다.

Story Telling

· 콩나물에 마늘, 파, 생강, 홍고추, 풋고추, 고춧가루 등을 넣고 국물을 부어 담그는 김치이다. 김치 빛깔이 곱고 맛이 산뜻하여 사철 내내 담가 먹는 김치이다.

57 고들빼기김치

재료 및 분량

주재료 : 고들빼기 1kg, 물 10컵, 굵은소금 ½컵, 쪽파 500g, 밤 5개

양념 : 고춧가루 1⅓컵, 멸치액젓 ½컵, 다진 마늘 2큰술, 생강 1작은술, 설탕 1큰술, 통깨 2큰술, 양파 ⅓컵, 배즙 ½컵, 매실청 3큰술, 소금 약간

찹쌀 풀 : 멸치육수 1컵, 찹쌀가루 2큰술

Story Telling

• 전라도 지방에서 주로 담그는 김치로 겨울 김장김치의 하나이다. 만드는 법은 고들빼기를 물에 담가 돌로 눌러서 2~3일간 삭혀 쓴맛을 우려낸 다음 건져 씻어서 물기를 없애고 마늘 생강을 다져 젓국에 섞고 고춧가루를 넣어 양념을 준비하여 담그는 데 가을부터 맛이 들어서 겨울까지 밥도둑이라고 할만큼 맛있는 김치이며, 양반이 아니면 먹을 수 없다고 하는 재료 준비와 손이 많이 가는 고급김치로 전라지방의 별미김치이다.

만드는 방법

1. 고들빼기는 깨끗이 씻은 후, 너무 크면 반으로 자르거나 한 번 더 자른 다음, 소금물에 3일 담갔다가 다시 씻어 건져둔다.
2. 밤은 껍질을 벗긴 후에 편으로 썰거나 채를 썰고 마늘은 다져서 준비하고 쪽파는 씻어서 준비한다.
3. 양파와 배는 갈아서 즙을 만든다.
4. 찹쌀 풀과 양념을 함께 섞어 놓는다.
5. 볼에 고들빼기와 씻어둔 쪽파를 양념에 버무리고 간을 맞춘 다음, 편 썬 밤과 통깨로 마무리하고 항아리에 꼭꼭 눌러 담는다.
6. 안 익어도 맛있지만 기호에 따라 익혀서 먹어도 별미이다.

58 돌산갓김치

재료 및 분량

주재료 : 돌산갓 3단, 쪽파 ½단

*절임소금물 : 물 2L, 굵은소금 1½컵

*양념 : 고춧가루 1½컵, 마늘 60g, 마른고추 20개, 생강 20g, 멸치액젓 ⅔컵, 통깨 2큰술, 사과즙 ½컵, 매실청 ½컵, 새우젓 1큰술, 고운소금 약간, 찹쌀풀 1컵

만드는 방법

1. 갓은 줄기가 연한 돌산갓을 준비하여 다듬은 후 깨끗이 어 절여서 헹구어 물기를 빼준다. 쪽파도 씻어 물기를 빼준다
2. 마른고추는 씻어 불려서 3~4등분해서 믹서에 갈아 양념 를 섞어 김치양념을 만든다.
3. 물기를 뺀 갓과 쪽파를 볼에서 양념을 섞어 버무린다.
4. 잘 버무린 갓과 쪽파는 한 가닥씩 모아서 감은 후, 항아 담아 실온에서 하루 정도 숙성하여 냉장보관해서 서서히 힌다. 숙성된 것이 더 맛있다.

Story Telling

· 돌산갓김치는 여수 돌산이라는 섬에서 나는 것으로 담근 김치로 톡 쏘는 매운맛과 섬유질이 적어 부드러우며 독특한 향을 가지고 있어서 전국적으로 명성을 얻고 있다. 갓김치는 젓갈을 적당히 넣어 담갔다가 충분히 익으면 깊은 맛이 난다. 해풍을 맞은 가을철 돌산 갓을 구입해서 김장철에 담가서 익혀 겨울, 봄, 여름까지 일년 내내 두고 먹어도 참 맛이 있는 밥도둑같은 김치이다.

· 갓은 절인 배추처럼 여러번 씻으면 소금기가 빠지면서 섬유질이 다시 살아나므로 절였던 소금물에 살살 헹궈 소쿠리에 담아 물기를 빼는 것이 좋다.

59 고구마김치

재료 및 분량

주재료 : 고구마 1kg, 쪽파 50g

절임소금물 : 물 1L, 굵은소금 2큰술

양념 : 고춧가루 5큰술, 새우젓 3큰술, 마늘 20g, 생강 10g, 통깨 1큰술, 소금 약간

만드는 방법

1. 고구마는 껍질을 벗기고 주사위 모양으로 깍뚝 썰기한다.
2. 쪽파는 손질하여 2cm 길이로 썰고 마늘 · 생강은 곱게 다진다.
3. 절여진 고구마는 물기를 빼고 고춧가루를 넣어 물들인 다음 새우젓, 파, 마늘, 생강을 넣고 고루 버무린다.
4. 잘 버무려진 고구마김치는 소금과 통깨를 넣고 마무리한다.

Story Telling

- 단단한 고구마를 골라 깍둑썰기하여 소금에 살짝 절여 물기를 빼고 미나리, 쪽파, 고춧가루, 새우젓, 마늘을 넣어 담그는 김치이다. 매콤한 김치양념에 달콤한 고구마를 버무렸다가 먹으면 독특한 맛이 나는 별미김치로 가을철에 주로 담가먹는 김치이다.

제주도 김치

60 전복김치

재료 및 분량

주재료 : 전복 10개, 무 500g, 밤 3개, 잣 1큰술, 쪽파, 미나리 50g씩, 홍고추 1개, 굵은 소금 3큰술

*양념 : 고춧가루 4큰술, 새우젓 1큰술, 설탕 1큰술, 멸치액젓 2큰술, 마늘 30g, 생강 10g, 소금 약간, 매실청 1큰술

Story Telling

• 영양이 많은 전복을 이용한 김치로 시원한 맛과 전복의 향미를 살린 고급 김치이다.

만드는 방법

1. 싱싱한 전복을 깨끗이 씻어서 전복살을 꺼낸다.
2. 전복살에 소금을 약간 뿌려서 씻은 뒤에 납작납작하게 썬
3. 무는 3cm× 3cm×0.3cm 크기로 썰어 소금물에 절이고 건져 물기를 뺀다.
4. 미나리와 쪽파는 씻어서 3cm로 썰고, 마늘과 생강은 채 친
5. 밤은 손질하여 편으로 썰고, 홍고추는 씨를 빼고 채 친다
6. 새우젓과 멸치액젓에 고춧가루를 불려서 분량의 재료를 고 양념을 만든다.
7. 양념에 무를 버무려 붉은물을 들인 뒤에 전복살을 넣고 무린다. 다시 쪽파, 미나리, 갓, 홍고추, 밤을 넣고 버 다음 잣을 고명으로 얹는다. 부족한 간은 소금으로 적 맞춘다.

61 귤물김치

재료 및 분량

주재료 : 배추 ¼포기, 무 400g, 귤 10개, 쪽파 30g, 미나리 50g, 생강 10g, 실고추 약간

소금물 : 물 2컵, 굵은 소금 3큰술

김치국물 : 끓인물(식힌 것) 10컵, 소금 2큰술

Story Telling

· 배추와 무에 귤을 알알이 떼어 넣고 담은 귤물김치로 시원하고 상큼한 국물 김치이다. 기호에 따라 칼칼한 맛을 원하면 고춧물을 사용해도 좋다.

만드는 방법

1. 배추와 무는 깨끗이 씻은 다음 2.5cm×2.5cm×0.3cm 크기로 썰어서 소금물에 절인다.
2. 실파와 미나리는 다듬어 씻은 후 2.5cm 길이로 자르고 생강과 마늘은 고운 채로 썬다.
3. 귤은 껍질을 벗겨서 일부는 알알이 떼고 나머지는 즙을 만든다.
4. 절여진 무, 배추에 부재료와 양념을 가볍게 섞어 담고, 귤즙에 고춧물을 섞어 부은 다음에 실고추를 띄운다.

62 당근김치

재료 및 분량

주재료 : 당근 500g
*소금물 : 물 2컵, 굵은 소금 3큰술
*양념 : 고춧가루 3큰술, 마늘 50g, 생강 10g, 쪽파 50g,
멸치액젓 3큰술, 설탕 1큰술, 소금 · 통깨 약간
*찹쌀풀 : 찹쌀가루 2큰술 + 물 1컵

만드는 방법

1. 당근은 깨끗이 씻은 다음 골패 모양으로 썰어 소금물에 인다.
2. 쪽파는 다듬어 4cm 길이로 자르고, 마늘과 생강은 다진다
3. 찬물에 찹쌀가루를 푼 다음, 풀을 쑤어 차갑게 식힌다.
4. 멸치액젓에 찹쌀풀, 고춧가루, 마늘, 생강을 넣고 섞어서 념을 만든다.
5. 소금물에 담가 놓은 당근을 건져서 물기를 제거한 다음 을 넣고 버무리고 소금으로 간하여 다시 쪽파와 통깨를 버무려 담는다.

Story Telling

· 당근김치는 제주도에서 많이 담가 먹던 김치로 당근에는 베타카로틴이 풍부하여 우리 몸속에 흡수되면 비타민 A로 바뀌는데, 비타민 A는 시력을 보호하고 야맹증의 예방 효능이 있다고 한다.

63 톳김치

재료 및 분량

주재료 : 톳 500g, 소금 1큰술, 무 200g, 양파 ½개, 홍고추 2개

양념 : 고춧가루 3큰술, 액젓 3큰술, 설탕 1큰술, 대파 20g, 마늘 20g, 생강 5g

만드는 방법

1. 톳은 깨끗이 씻어 소금물에 데쳐 낸다.
2. 파, 마늘, 생강은 손질해 씻은 후 다진다.
3. 홍고추는 씨를 빼고 채 썰고, 양파도 채 썬다.
4. 멸치액젓에 고춧가루, 다진파, 마늘, 생강과 설탕을 넣어 양념을 만든다.
5. 준비해 놓은 톳에 양념을 넣고 골고루 버무린다.

Story Telling

- 바다 내음이 물씬 풍기는 제주도의 별미인 톳김치는 톳에 멸치액젓과 고춧가루, 파, 마늘 등의 양념을 넣어 담그는 해초 김치이다. 살짝 데친 톳은 초고추장에 무쳐 먹기도 한다.

64 청각김치

재료 및 분량

주재료 : 청각 500g, 김 2장, 마늘 30g
*양념 : 멸치액젓 5큰술, 고추가루 2큰술, 식초 2큰술, 소금 약간, 생강즙 10g
*김치국물 : 물 3컵, 정제소금 1큰술

만드는 방법

1. 청각은 씻어 소금물에 살짝 데친 후 잘게 썰어서 물기를 놓는다.
2. 김은 불에 살짝 구운 다음에 잘게 부순다.
3. 마늘은 편으로 썰고 생강은 강판에 갈아서 즙으로 만든다
4. 멸치액젓에 고춧가루, 식초를 넣어 양념을 만든다.
5. 준비해 놓은 청각에 양념을 넣고 골고루 잘 버무린다.
6. 5.에 마늘과 생강즙을 넣고 김치국물은 자작하게 붓는다

Story Telling

• 청각은 배추 등과 함께 물김치로 담그거나, 나물처럼 무쳐 먹기도 하며 김치를 담글 때 넣으면 김치맛을 개운하게 해준다. 청각은 비타민과 무기질이 풍부하여 성인병 및 비만예방을 하는데 효능이 있다고 알려져 있다.

65 해물김치

재료 및 분량

주재료 : 배추 1통 (2.5 kg), 무 500g, 소금물(물 5컵, 굵은소금 ½컵), 절임용 소금 ½컵, 생굴 100g, 낙지 100g, 문어 100g, 배 ¼개, 미나리 50g, 쪽파 30g, 갓 50g, 밤 2개, 잣 50g

양념 : 고춧가루 1컵, 찹쌀풀 ½ 컵, 다진마늘 3큰술, 다진생강 1작은술, 멸치액젓 3큰술, 새우젓 2큰술, 매실청 1큰술, 설탕 1큰술, 소금 약간

찹쌀풀 : 물 1컵, 찹쌀가루 2큰술

Story Telling

- 해물김치는 제주도 향토음식으로 절인배추에 무와 채소, 젓갈, 고춧가루 등 갖은 양념과 해물을 넣고 발효시킨 김치이다.

만드는 방법

1. 배추는 손질하여 소금물에 절인다. 절여진 배추는 흐르는 물에 씻어서 물기를 뺀다.
2. 무와 배는 채 썰어 준비하고 마늘과 생강은 다진다.
3. 파, 미나리, 갓은 4cm 길이로 썬다.
4. 해물은 소금물에 씻어서 준비한다.
5. 분량의 양념재료에 젓갈을 넣고 골고루 섞는다.
6. 준비한 양념에 무와 해물을 넣고 갖가지 양념재료를 함께 버무린다. 맛을 보아 부족한 간은 소금으로 맞춘다.
7. 배추 사이사이에 소를 넣고 배추겉잎으로 싸서 항아리에 담는다.

66 유채김치

재료 및 분량

주재료 : 유채 500g, 절임용 소금 ½컵, 붉은고추 3개, 쪽파 100g, 통깨 1큰술

*양념 : 고춧가루 ½컵, 액젓 3큰술, 설탕 1큰술, 매실청 1큰술, 다진마늘 2큰술, 다진생강 1작은술, 소금 약간

만드는 방법

1. 유채는 깨끗하게 씻어서 소금물에 30분정도 절인다.
2. 절여진 유채는 한 번 씻어 건져서 물기를 뺀다.
3. 쪽파는 5cm 정도로 썰고 마늘과 생강은 곱게 다진다.
4. 고춧가루, 마늘, 생강을 한데 담고 골고루 섞어서 양념을 든다.
5. 물기를 뺀 유채에 붉은 고추와 쪽파를 넣고 4.의 양념으로 무리고 나서 소금으로 부족한 간을 맞춘다.
6. 그릇에 옮겨 통깨를 뿌려 준다.

Story Telling

- 제주도에서 생산되는 유채 나물은 영양가치가 매우 높아서 피로회복, 피부미용에 효과가 있으며, 춘곤증과 변비예방에도 좋다.

충청도 김치

67 양파김치

재료 및 분량

주재료 : 양파(작은 것) 10개, 홍고추 2개, 백련초가루 1작은술, 비트즙 1작은술, 굵은 소금(절임용) ½컵

*양념 : 배즙 ½컵, 찹쌀풀 ½컵, 생강즙 1작은술, 마늘즙 1큰술, 소금 2큰술, 물 6컵

만드는 방법

1. 양파는 밑부분이 붙도록 하여 칼을 넣어 8등분을 만든 후에 굵은 소금 ½컵을 넣고 녹여서 절여준다.
2. 백련초가루, 비트는 분홍색이 되도록 김치국물을 물들인 (원하는 색상으로).
3. 2.에 생강즙, 마늘즙, 배즙, 찹쌀풀을 넣고 간을 맞추어서 파를 넣는다.
4. 홍고추는 2cm 길이로 잘라서 곱게 채 썰어 찬물에 담갔다 양파 위에 고명으로 올린다.

Story Telling

- 백년초 가루가 없으면 비트나 오미자를 넣으면 된다. 오미자를 넣으면 유기산이 젖산을 해독시켜 피로회복에도 좋다.
- 양파김치는 살짝 익혀서 먹으면 상큼하면서 아삭한 맛이 일품이다.

68 오이지

재료 및 분량

주재료 : 오이(오이지용 작은 것) 50개(약 5kg),
굵은 소금 3컵, 물 20컵(4L)

만드는 방법

1. 오이(50개)를 소금으로 문질러 닦은 다음, 행주로 물기를 제거한다.
2. 물 20컵(4L)에 굵은소금 3컵을 넣고 끓인다.
3. 항아리에 오이를 넣은 다음 끓인 소금물을 부은 후, 꼭꼭 눌러 돌을 얹는다.

Story Telling

- 실온에서 4~5일 동안 숙성시키면 아삭아삭한 오이지를 먹을 수 있다.
- 숙성시킬 때 돌을 얹어 오이가 공기에 닿지 않게 해야 부패를 방지 할 수 있다.
- 매실주를 1컵 정도 넣고 담그면 오래두고 먹을 수 있다.
- 돌은 깨끗히 씻어 팔팔 끓는 소금물에 약 5분간 소독해서 사용한다.
- 계절에 따라 소금 양을 가감한다.

69 굴석박지

재료 및 분량

주재료 : 무 3개, 굵은소금 ½컵, 굴 1kg, 찹쌀풀 1컵
쪽파 200g, 갓 200g, 미나리 100g, 대파 2뿌리,
밤 5개

*양념 : 다진마늘 5큰술, 다진생강 1큰술, 고춧가루 2컵,
새우젓 ⅓컵, 통깨 1큰술, 소금 약간

Story Telling

· 무와 굴을 섞어 만든 김치라 해서 붙여진 이름으로 각종 해산물을 넣어 담근다. 오래두고 먹는 저장 김치라기보다는 그때그때 담가 먹는 김치라고 할 수 있다.

만드는 방법

1. 무를 반으로 자른 후 1cm 두께로 썰어 소금 1컵을 뿌려서 인 다음, 그대로 소쿠리에 쏟아 물기를 뺀다.
2. 밤은 0.3cm 두께 편으로 썬다. 쪽파, 갓, 미나리는 4cm 로 자르고 대파는 흰부분을 어슷 썬다.
3. 굴은 소금물에 흔들어 씻어서 채에 받쳐 물기를 빼고 준비한다.
4. 절인 무에 고춧가루 2컵을 넣고 버무린 다음 붉은 물이 새우젓과 찹쌀풀, 마늘과 생강을 넣는다.
5. 4.에 파, 미나리, 갓을 섞고 밤과 굴을 넣어 버무린다.
6. 소금으로 간을 맞춘 후, 항아리에 꼭꼭 눌러 담는다.

70 시금치 김치

재료 및 분량

주재료 : 시금치(작고 어린잎) 3단, 사과 1개, 양파 ½개, 홍고추 1개, 영양부추 60g

양념 : 찹쌀풀 ½컵, 멸치액젓 3큰술, 고춧가루 ½컵, 다진마늘 1큰술, 다진생강 1큰술, 통깨 1큰술, 소금

만드는 방법

1. 시금치는 깨끗이 씻은 후 채에 받쳐 물기를 뺀다.
2. 사과는 씨를 제거 후 0.4cm 굵기로 채썬다.
3. 양파는 채썰어 찬물에 헹군 다음 체에 받쳐 물기를 뺀다.
4. 홍고추는 씨 제거 후 3cm 길이로 채썬다.
5. 영양부추는 약 4cm 길이로 자른다.
6. 찹쌀풀에 고운 고춧가루, 멸치액젓, 다진마늘, 다진생강을 넣어 간을 맞춘 후 1, 2, 3, 4, 5.를 넣어 살살 혼합하여 담는다.

Story Telling

몸에 좋은 영양소가 듬뿍 …

- 철분과 엽산이 풍부하여 빈혈예방에 효과가 있어서 특히 여성과 성장기 어린이들이 먹으면 좋다.

71 열무김치

재료 및 분량

주재료 : 열무 1단(2.5kg), 굵은 소금 1컵
*양념 : 대파 1대, 쪽파 30g, 다진마늘 3큰술, 다진생강 1큰술, 양파 ½개, 고춧가루 1컵, 홍고추 5개, 멸치 액젓 ½컵, 소금 약간, 찹쌀풀 ½컵, 통깨 1큰술, 매실청 2큰술

Story Telling

- 열무김치는 6~7시간 정도 상온에서 숙성시킨다.
- 열무김치가 익으면 색이 누렇게 변하는데, 이를 방지하려면 바나나를 약간 갈아 넣으면 된다 (열무 1단에 바나나 1개 정도).

만드는 방법

1. 손질하여 깨끗이 씻은 열무는 물 3컵, 굵은 소금 1컵을 어 소금물을 만들어 한 두번 뒤집어가며 30~40분 정도 절인 다음 체에 받쳐 물기를 뺀다.
2. 대파 줄기는 어슷썰기, 쪽파는 약 5cm 길이로 자른다.
3. 양파는 채썰어 준비한다.
4. 홍고추는 반을 갈라 믹서에 갈아 준비한다.
5. 찹쌀풀에 고춧가루, 홍고추 간것, 멸치액젓, 다진마늘, 생강, 매실청, 통깨, 소금 약간을 넣어 양념장을 만든 3.을 넣어 혼합한다.
6. 5.에 1.을 넣어서 버무린다.

72 파짠지

재료 및 분량

주재료 : 쪽파 1단

양념 : 멸치액젓 ½컵, 설탕 2큰술, 고춧가루 5큰술, 찹쌀풀 1컵, 통깨 1큰술, 다진마늘 2큰술, 다진생강 ½큰술, 매실청 2큰술, 소금 약간

만드는 방법

1. 손질하여 깨끗이 씻은 쪽파는 줄기를 먼저 반 분량의 젓갈에 절인다.
2. 찹쌀풀, 고춧가루, 멸치액젓을 섞어 불린 다음 다진마늘, 다진생강, 매실청, 통깨, 소금을 섞어 양념을 만든다.
3. 1.과 2.를 혼합하여 버무린 다음 한 줌의 쪽파를 반으로 접어 차곡차곡 눌러 담는다.

Story Telling

- 까나리 액젓이나 새우젓을 사용해도 좋다. 6~8시간 정도 실온에서 숙성시킨 다음 김치냉장고에 보관한다. 실온에서 너무 오래 숙성하면 질겨진다.
- 파짠지는 매운맛이 있어서 숙성시켜(곰삭혀서) 먹으면 더욱 깊은 맛을 느낄 수 있다.

73 고추잎김치

재료 및 분량

주재료 : 연한 고추잎 1kg, 영양부추 50g, 양파 ½개
*양념 : 찹쌀풀 1컵, 멸치액젓 ½컵, 고춧가루 ½컵, 다진 마늘 2큰술, 생강즙 ½큰술, 매실청 2큰술, 통깨 1큰술, 소금 약간

만드는 방법

1. 연한 고추잎은 씻어 소쿠리에 담아 물기를 제거한다.
2. 영양부추는 약 4cm 길이로 자른다.
3. 양파는 결대로 채썬다.
4. 찹쌀풀에 고춧가루를 넣고 혼합한 후, 나머지 모든 양 섞어 준다.
5. 4.에 2, 3.을 넣어 혼합한 다음, 1.을 넣어 살살 버무려 리에 꼭꼭 눌러 담는다.

Story Telling

· 봄철의 고춧잎은 부드러우므로 바로 먹을 수 있으나, 가을철의 고춧잎은 뻣뻣하므로 연한 소금물을 부어서 약 1주일 정도 삭힌 후 쓴맛을 제거하여 담기도 한다.

74 묘삼나박김치

재료 및 분량

주재료 : 무 ½개, 배추 500g, 소금 3큰술, 묘삼 5뿌리, 실파 3줄기, 미나리 3줄기, 홍고추 2개

김칫국물 : 다진마늘 2큰술, 다진생강 1큰술, 고춧가루 2큰술, 소금 4큰술, 생수 3L, 배즙 1컵

만드는 방법

1. 무와 배추는 폭 3cm, 넓이 2.5cm, 두께 0.3cm로 썰어 각각 소금물에 30분 정도 절인다.
2. 실파와 미나리는 3cm 길이로 썬다.
3. 홍고추는 송송 썰어 찬물에 헹군 후 씨를 제거한다.
4. 묘삼(굵은 부분)은 어슷썰고, 뿌리는 갈아서 즙을 낸다.
5. 불린 고춧가루를 면보에 싸서 생수에 비벼 붉은 김치국물을 만든 다음, 묘산즙, 배즙, 마늘즙, 생강즙을 혼합한다.
6. 5.에 2, 3, 4.를 넣어 혼합한 후 1과 섞어서 담근다.

Story Telling

무와 배추를 주재료로 해서 만들며, 무를 나박나박 썰어 넣었다 하여 '나박김치' 라고 하는데, 여기에 작은 묘삼을 넣어 만든 것으로 국물이 흥건하면서도 맵지 않고 삼삼하게 담가 먹는 김치다.

- 묘삼이란 파종 후 일년 남짓 자란 어린 인삼을 말한다.
- 나박김치에 대파를 넣으면 파에서 진이 나와 김칫국이 미끄러울 수 있으므로 흰부분만 썰어 헹구어 사용하거나 실파를 사용한다.

75 돌나물김치

재료 및 분량

주재료 : 돌나물 400g, 무 200g, 미나리 30g, 쪽파 20g, 배 ½개, 홍고추 2개

*김치국물 : 고춧가루 2큰술, 다진마늘 2큰술, 다진생강 1큰술, 밀가루풀 3큰술, 소금 3큰술, 생수 2L

Story Telling

- 돌나물은 연한 것이 좋으며 칼슘과 비타민 C가 많이 들어 있어서 봄철에 입맛을 돋우는 데 좋다.
- 풋내가 나므로 씻을 때 살살 씻어야 한다.

만드는 방법

1. 돌나물을 넉넉한 물에 넣고 으깨지지 않도록 살살 씻어 에 건진다.
2. 무와 배는 사방 2cm 정도 크기로 납작하게 썰고, 무는 을 살짝 뿌린다.
3. 미나리와 실파는 2cm 길이로 썬다.
4. 홍고추는 송송 썰어 씨를 제거한다.
5. 생수 2L에 밀가루 풀을 넣은 후 면보에 고춧가루, 다진 다진생강을 넣고 싸서 흔들어 붉은빛의 물이 되도록 만 소금 간을 한다.
6. 1, 2, 3, 4.를 살살 버무려 5.의 김치국물을 부어준다.

김치퓨전요리

01 김치잡채
02 김치오색만두
03 김치지짐누름적
04 김치불고기전골
05 김치를 넣은 모둠김밥
06 김치영양콩설기
07 김치깻잎순 제육볶음
08 김치깻잎 삼겹살롤과 간장소스
09 김치해물볶음밥
10 고등어김치전

01 김치잡채

Guide

김치잡채란?

잡채(雜菜)는 여러 가지 채소, 당면이나 소고기 등의 재료를 각각 볶아서 한데 섞어 무친 음식이다. 잡채의 잡(雜)은 '섞다, 모으다, 많다'의 의미이며, 채(菜)는 채소의 의미로 다양한 종류의 채소를 섞었다는 뜻으로 맛과 영양이 뛰어날 뿐만 아니라 시각적인 면도 아름다운 요리이다. 김치잡채는 아삭하게 씹히는 김치와 꼬들꼬들한 면발 맛이 환상적이다.

재료 및 분량

재료명	분량
익은 배추김치	100g
당면	50g
소고기	50g
마른 표고버섯	1개
식용유	50mL

재료명	분량
양파	50g
청오이	1/3개
당근	50g
홍고추	1/2개
소금	15g

* 소고기, 표고버섯 양념장

진간장 1큰술, 설탕 ½큰술, 다진파 ⅔큰술, 마늘 1작은술, 깨소금 1작은술, 후추 약간, 참기름 1작은술

만드는 방법

1. 김치는 찬물에 헹구어 물기를 짠 후 줄기 부분을 채 썰어 참기름으로 양념하고 오이, 당근과 양파도 6cm×0.3cm×0.3cm로 채 썰어 절인다.

2. 불려진 표고버섯과 소고기도 잡채용으로 채 썰어서 양념장에 재운다.
3. 팬에 기름을 두르고 양파, 오이, 당근, 홍고추, 김치, 표고버섯, 소고기 순서로 볶아 펼쳐서 식힌다.

4. 당면은 끓는 물에 삶아 찬물에 헹구어 물기를 빼고 적당한 길이로 잘라 설탕, 간장, 참기름을 넣어 밑간하여 볶는다.
5. 볶은 당면과 3.의 볶은 재료를 섞고 참기름과 통깨를 넣어 버무린다.

Tip

- 당면은 미지근한 물에 담갔다가 삶으면 호화가 잘 되어 빨리 삶아진다.
- 모든 재료는 굵기와 길이가 일정하게 채 썰고 색이 흰 채소부터 차례로 볶아낸다.

02 김치오색만두

Guide

만두란?

만두는 밀가루 반죽을 얇게 밀어서 갖가지 양념한 소를 넣고 빚어 익힌 것으로 평안도나 함경도 지방에서 즐겨먹는 겨울철 음식이다. 만두는 원래 중국 음식으로 한나라 때 처음 만들었다고 하며 중국에서는 우리식 만두를 교자(餃子)라 하고, 밀가루 반죽을 발효시켜 지금의 호빵처럼 껍질을 두껍게 만든 것을 만두라고 한다.

재료 및 분량

재료명	분량
밀가루(중력분)	240g
다진 소고기	150g
두부	100g
숙주	80g
보릿 가루	3큰술

재료명	분량
자색고구마 가루	3큰술
배추김치	100g
소금	5g
단호박 가루	3큰술
식용유	5mL

* 소고기,양념장

다진파 1큰술, 마늘 ½큰술, 소금 ½작은술, 깨소금 1작은술, 참기름 1작은술, 후추 약간

만드는 방법

1. 밀가루(8큰술) 정도에 준비된 각각의 가루, 소금 약간, 뜨거운물 2큰술, 식용유를 약간 넣어 귓불처럼 말랑하게 반죽하여 면보나 비닐봉지에 감싸 둔다.
2. 숙주는 소금물에 데쳐 찬물에 식힌 후 곱게 다져 물기를 짠다.
3. 두부는 곱게 으깨어 면보를 이용하여 물기를 꼭 짜고 김치는 속을 털어내고 잘게 다져 국물을 꼭 짠다.
4. 곱게 다진 고기에 양념하여 맛을 낸 후 두부 · 숙주 · 김치를 고루 섞어 소를 만든다.
5. 숙성이 된 밀가루 반죽을 일정한 크기로 떼어 놓은 다음, 덧가루를 뿌려 가며 직경 8cm의 얇고 둥근 만두피가 되게 밀어 준 후 만두소를 넣고 엄지와 검지로 앞으로 당기며 다양한 모양의 만두를 빚는다.
6. 김이 오른 찜통에 젖은 면보를 깔고 만두를 넣어서 익혀 접시에 모양있게 담는다.

Tip

- 밀가루 반죽은 많이 치댈수록 끈기가 생겨 잘 터지지 않으며 만두피는 되도록 얇게 밀어야 한다.

03 김치지짐누름적

Guide

지짐누름적이란?

일명 누르미라고도 하는 누름적은 김치, 맛살, 도라지, 당근, 쪽파, 고기, 표고 등으로 꼬치에 색을 맞춰가며 꿰어 밀가루와 달걀옷을 입혀서 팬에 지진 음식이다.

재료 및 분량

재료명	분량
소고기(살코기)	150g
김치	200g
마른 표고버섯	2개
당근(7cm 길이)	150g
맛살	3줄
식용유	30mL

재료명	분량
단무지	1개
쪽파	50g
밀가루	20g
달걀	3개
꼬치	6개

* 소고기 양념장

진간장 1큰술, 다진파 ⅔큰술, 마늘 1작은술, 설탕 1작은술, 참기름 1작은술, 깨소금 1작은술, 후추 약간

만드는 방법

1. 맛살과 단무지, 불린 표고버섯은 누름적 용으로 썬다.
2. 쪽파는 다듬어 7cm 길이로 썰어 소금 · 참기름에 무친다.
3. 잘익은 김치는 소를 털어내고 7cm 길이에 1cm 폭으로 자른 후 참기름으로 무친다.
4. 당근도 썰어 소금물에 데쳐 찬물에 헹군다음 식혀서 물기를 뺀다.
5. 소고기는 0.6cm 두께로 썬 후에 잔 칼집을 앞뒤로 넣어 길이 8cm, 폭 1cm 되게 자른 후 표고와 함께 양념에 재운다.
7. 팬에 기름을 두르고 당근, 표고, 소고기 순으로 볶아낸다.
8. 산적꼬치에 볶은 재료를 색을 맞추어 끼운 후 밀가루를 묻혀 달걀물에 담갔다가 팬에 기름을 두르고 지져낸다.
9. 완성접시에 꼬치를 빼서 담아낸다.

❶

❷

❸

4

Tip

- 각각의준비된재료는색깔을조화있게끼우고위와아래를다듬어밀가루와 달걀물을 입혀 지져낸다.
- 지짐누름적은꼬치를빼서담는것이원칙인데, 꼬치를빼도서로떨어지지 않도록 재료 사이사이에 밀가루와 달걀물을 잘 입혀준다.

04

김치불고기전골

Guide

불고기전골이란?

맛과 영양가가 뛰어나 기혈을 돕고 부종이나 당뇨병 등에 좋은 소고기에 김치와 채소들을 채로 썰어 조화롭게 담아 함께 끓여낸 요리로, 담음새가 화려함은 물론이고 담백한 맛으로 손님 초대상에도 손색이 없다.

재료 및 분량

재료명	분량
샤브샤브용 고기	200g
김치	200g
양파	1/2개
미나리	50g
쪽파	50줄기
홍고추	3개
무	200g

재료명	분량
풋고추	2개
깻잎	6장
팽이버섯	1/3봉
표고버섯	4장
당근	60g
당면	50g

* 고기 · 표고버섯양념장

간장 2큰술, 맛술 2큰술, 다진파 1½큰술, 매실청 1큰술, 다진마늘 ⅔큰술, 통깨 ½작은술, 후추 약간

* 다시마 · 멸치다시 500mL

다시멸치 10마리, 다시마는 사방 10cm, 양파 ½개, 대파 ½대, 통후추 5알, 소금 1작은술

만드는 방법

1. 냄비에 물 4컵을 붓고 다시마, 다시멸치, 양파 · 대파 · 통후추를 넣고 끓여 걸러준다.
2. 무는 가늘게 채를 썰어 전골냄비 바닥에 펴 담고, 김치는 소를 털어내고 5cm 길이로 채를 썰고 양파를 비롯한 채소들도 5cm 길이로 채를 썬 다음, 전골냄비에 조화롭게 돌려 담는다.
3. 당면을 물에 담가 불려놓는다.
4. 불린 표고버섯 채썬 것, 사브사브용으로 자른 소고기 위의 양념장을 넣어 재운 다음, 전골냄비에 담고 다시마 · 멸치다시를 부어 끓이다가 난황을 올린다.
5. 3.의 전골이 반 정도 익었을 때 당면도 넣고 끓이면서 부족한 간을 한다.

Tip

- 전골용 멸치다시를 낼 때는 뚜껑을 열고 끓여 주어야 멸치 비린내가 나지 않는다.
- 전골냄비 바닥에 펴 담는 무는 굵으면 안 익으니 가늘게 채 썰어야 한다.

05 김치를 넣은 모둠김밥

Guide

모둠김밥이란?

우리나라 사람들은 예로부터 김밥을 무척이나 좋아하였다. 그러나 자칫 그 안의 내용물이 부실할 수 있기 때문에 좀 더 다양한 재료를 넣어 만든 김밥이 모둠김밥이다. '모둠'이란 '한 데 모은 것'이라는 뜻을 지니고 있다.

재료 및 분량

재료명	분량
쌀	1kg
다시마 사방	10cm
소금	10g
참기름	15mL
김	10장
김치	500g

재료명	분량
청오이	1개
당근	1개
달걀	5개
조린우엉	150g
깻잎	2묶음
식용유	20mL

* 약고추장

고추장 200g, 양파 1개(갈아서), 콩가루 3큰술, 꿀 3큰술
소고기(갈아서) 100g

* 양념 : 설탕 1큰술, 마늘 1큰술, 다진파 3큰술, 통깨 1작은술, 참기름 1작은술, 후추 약간

만드는 방법

1. 쌀을 씻어 불린 후 냄비에 같은 량의 물과 다시마를 넣어 끓으면 다시마를 꺼내고 10분 동안 뜸을 들여 고슬고슬한 밥을 지어 소금, 참기름을 넣어 간을 맞춘다.

2. 김치, 오이, 우엉은 김밥소로 사용할 수 있도록 준비하고, 당근은 길이로 썰어 끓는 물에 소금을 넣고 살짝 데친다.

3. 달걀은 소금을 넣어 푼 다음, 지단 팬에 부쳐서 썰고 깻잎은 깨끗이 씻어 물기를 제거한다.

4. 냄비에 양념한 고기, 갈은 양파, 고추장 순으로 넣어 수분이 없어질 때까지 볶은 후 콩가루와 꿀을 넣고 약고추장을 완성한다.

5. 김발 위에 김을 놓고 밥을 편 다음 김치, 당근, 오이, 단무지, 달걀지단 등을 올려 다양한 모양의 김밥을 만든다.

①

②

③

④

Tip

- 미네랄과 섬유소가 풍부한 다시마는 두꺼울수록 지미 · 감미 · 염미가 적당하게 혼합되어 있어서 품질이 좋다. 다시마 속에 들어 있는 라이신은 혈압을 내리게 하여 고혈압이나 동맥경화의 개선에 좋다.
- 식중독 발생이 빈번한 여름철엔 새콤달콤한 초밥으로 하여 김밥 모양을 만들면 살균작용이 있어서 김밥이 빨리 쉬지 않는다.

06 김치영양콩설기

Guide

영양설기란?

김치영양설기는 여러 가지 색깔이 나는 무지개떡을 응용한 떡으로 흰색과 자색 및 녹색을 켜켜로 얹어서 빛깔이 곱도록 아름답게 찐 떡이다. 김치를 넣으면 생목이 오르지 않고 소화가 잘된다.

재료 및 분량

재료명	분량	재료명	분량
멥쌀가루	1kg	녹차가루	2큰술
김치	200g	팥배기	100g
완두배기	100g	호두	50g
강낭콩배기	100g	자색고구마가루	1큰술
대추	10개	녹차 가루	2큰술

*찜기, 면보

만드는 방법

1. 멥쌀은 5시간 정도 물에 불린 뒤 소쿠리에 담아 물기를 뺀 다음 가루를 낸 후 체에 내려서 고운 가루를 만든다.
2. 쌀가루를 3등분하여 각각에 물, 자색고구마가루와 녹차가루를 넣어 고루 섞어 비빈 후 체에 내린다.
3. 대추는 돌려깎아 씨를 제거하여 작게 썰고 호두도 썬다. 김치는 소를 털어내고 옥수수알 크기로 자른 후 국물을 짠다.
4. 준비한 대추, 호두, 김치, 완두배기, 강낭콩배기, 팥배기를 삼색의 쌀가루에 나누어 넣고 고루 섞는다.
5. 김이 오른 찜통에 면보를 깔고 3.의 쌀가루를 모양 틀에 부어 20분 정도 찐다.
6. 젓가락으로 찔러보아 흰가루가 묻어나지 않으면 불을 끄고 5분 정도 뜸을 들인 후 접시에 쏟아 담는다.

Tip

- 완두배기, 강낭콩배기, 팥배기는 제과제빵 재료를 구입하는 곳에서 구입할 수 있다.
- 100g당 348kcal의 열량을 내는 쌀은 뇌가 활동하는 에너지원으로서 중요한 역할을 한다.
- 소금간과 설탕을 넣지 않아도 간이 맞는 맛있는 떡이다.

07 김치깻잎순 제육볶음

Guide

제육볶음이란?

매운맛과 고소한 맛이 좋은 김치깻잎제육볶음은 얼큰한 맛의 대명사인 고추장양념에 간 양파를 넣어 자연 단맛을 낸 웰빙 요리이다. 양파, 깻잎, 익은김치 등과 함께 요리함으로써 단백질과 지방분해에 도움이 되어 소화도 잘되고 냄새제거에 효과도 있다.

재료 및 분량

재료명	분량
돈육목삼겹살(썬 것)	600g
깻잎순(냉이)	100g
풋마늘	1대
익은김치	200g

재료명	분량
양파	1개
당근	100g
식용유	1큰술

* 양념고추장

고추장 2큰술, 간장 1큰술, 고춧가루 5큰술, 맛술 3큰술, 물엿 3큰술, 간 양파 1개, 다진 파 2큰술, 다진 마늘 2큰술, 생강 1작은술, 통깨 1작은술, 참기름 1작은술, 후추 약간

만드는 방법

1. 깻잎순(냉이)은 손질한 다음에 깨끗이 씻어 반으로 자른다.
2. 양파는 껍질을 제거한 후 씻어 채 썰고, 당근은 편으로 썰고 풋마늘은 길이로 반 갈라서 5cm 길이로 썬다.
3. 김치는 소를 털고 국물을 꼭 짠 다음 먹기 좋은 크기로 썬다. 목삼겹살도 먹기 좋은 크기로 썬다.
4. 볼에 분량의 양념고추장을 만들어 목삼겹살과 익은김치, 양파, 당근, 풋마늘, 냉이를 넣어 재운다.
5. 팬에 식용유를 두르고 4.의 고기를 볶아 익으면 참기름을 넣어 마무리하고 나서 접시에 담는다.

Tip

- 깻잎순(냉이)은 처음부터 넣어 재워두기도 하지만, 따로 두었다가 양념에 재운 고기를 볶아 익으면 넣어 익혀도 좋다.
- 살고기의 색이 분홍색을 띠는 붉은색이고 고기의 결이 곱고 탄력이 있는 것이 품질이 우수한 돈육이다.

08 김치깻잎 삼겹살롤과 간장소스

Guide

김치깻잎 삼겹살말이란?

돼지고기는 지방분이 많고 동물성 식품 중 비타민 B_1과 철분 등이 많이 함유되어 있어서 철 결핍성 빈혈을 예방하고 젊고 탄력있는 피부를 유지시켜 주며, 굽게 되면 육질이 부드럽고 풍미와 맛이 좋다. 특히 가장 고소한 맛과 친근한 식재료인 삼겹살과 김치와의 만남은 모양이 아름다움은 물론이고 식어도 식감이 좋아 밑반찬으로도 손색이 없다.

재료 및 분량

재료명	분량
김치(600g)	½포기
돼지대패삼겹살	500g
깻잎	2묶음
불린 표고버섯	5개
전분(녹말)	100g
후추	약간

재료명	분량
마늘	50g
식용유	1큰술
홍고추	5개
풋고추	5개
청주	2큰술
면실	적당량

* 간장 소스

간장 6큰술, 흑설탕 4큰술, 청주 2큰술, 맛술 5큰술, 생강 1작은술, 후추 약간, 물 ½컵

만드는 방법

1. 김치는 소를 털어내고 국물을 제거한 다음 삼겹살과 같은 크기로 자른다.

2. 깻잎은 꼭지를 제거하여 씻어두고, 표고와 풋고추 및 홍고추와 마늘은 채를 썬다.

3. 얇게 썬 삼겹살은 후추와 청주를 뿌려 10분 정도 재운 후, 녹말가루를 살짝 뿌리고 그 위에 김치와 깻잎, 채썬 표고와 풋고추, 홍고추, 마늘을 올려 돌돌 말아 면실로 고정시킨다.

4. 넓은 팬에 위의 간장 소스 재료를 넣고 끓으면 3.의 고기를 넣고 위 아래로 굴려 주며 윤기나도록 졸여 준다

5. 식은 후 4.의 면실을 풀어 제거하고 먹기 좋게 썰어 접시에 담는다.

Tip

- 식성에 따라 채 썬 파나 채 썬 사과 등을 함께 사용해도 맛있는 요리를 즐길 수 있다.
- 마늘에 함유되어 있는 매운맛인 알리신은 돼지고기 비타민 B_1의 체내 흡수력을 높여 주어 피로회복에 도움이 된다.

09 김치해물볶음밥

Guide

김치해물볶음밥이란?

김치해물볶음밥은 맛있게 익은 김치의 소를 털고 손쉽게 구입할 수 있는 영양 많은 해물과 채소들의 만남으로 누구나 쉽고 간단하게 만들 수 있다. 완전식품이라는 달걀을 이용하여 볶음밥을 감싸 준 다음 김치국물을 활용한 빨간 소스로 멋을 내어 식감을 살린 요리이다.

재료 및 분량

재료명	분량
밥	1공기
익은 김치	100g
오징어	1/2마리
새우살	60g
풋고추	1/2개
청주	1큰술
후추	약간
식용유	2큰술

재료명	분량
양파	50g
당근	30g
소금	1/2작은술
불린 표고버섯	1개
마늘	10g
간장	1/2큰술
참기름	1큰술
달걀	1개

*소스

김치국물 ½컵, 케첩 1큰술, 매실청 1큰술, 물 ¼컵, 녹말 1작은술

만드는 방법

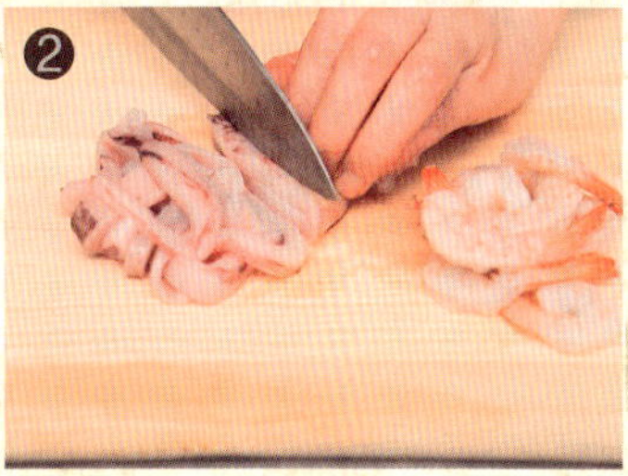

1. 양파와 당근, 불린 표고버섯, 풋고추, 마늘, 김치는 볶음밥용으로 굵게 썬다.
2. 새우도 굵게 다지고, 손질한 오징어 몸통을 링 모양으로 썬다.
3. 팬에 오일을 두르고 마늘을 볶다가 청주와 간장을 넣고 표고버섯, 당근, 김치, 오징어, 새우, 풋고추, 양파 순으로 볶는다.
4. 3.에 밥을 넣고 볶으면서 소금과 후추로 간을 맞춘 후 참기름을 넣는다.
5. 다른 팬에 풀어 놓은 달걀을 부어 둥근 모양으로 얇게 부친 다음 4.의 볶음밥을 적당히 넣고 감싸서 접시에 담는다.
6. 냄비에 김치국물 100mL에 케첩, 매실청, 물, 녹말을 풀어 가열한다. 농도와 맛을 낸 소스를 5.의 접시 위에 뿌려준다.

Tip

- 오징어는 너무 오래 가열하면 살이 단단해지고 질겨지기 때문에 씹히는 질감과 맛이 떨어진다. 그러므로 오래 가열하지 않도록 주의한다.

10 고등어김치전

Guide

고등어김치전이란?

청록색의 광택과 탄력이 있는 살이 단단한 싱싱한 고등어를 구입하여 김치와 함께 전을 지진 김치고등어전은 단백질 중에서도 아미노산과 히스티딘, EPA와 DHA 성분이 많아 영양이 풍부하여 회복기 환자나 임산부, 어린이나 노인에게 좋은 요리이다. 싫증나지 않는 새로운 맛을 즐길 수 있다.

재료 및 분량

재료명	분량
고등어	1마리
다시마사방	20cm
후추	약간
달걀	2개

재료명	분량
김치	120g
소금	10g
청주	10mL
밀가루	80g

* 고명재료

풋고추 ½개, 홍고추 ½개, 대파 ½대, 깻잎 1장

* 달래양념장

간장 2큰술, 유자청 1큰술, 식초 1큰술, 고춧가루 ½큰술, 통깨 1작은술, 후추 약간, 참기름 1작은술, 다시마 가루 1작은술, 달래 30g

만드는 방법

1. 선도가 좋은 고등어를 머리와 내장을 제거한 후 3장뜨기를 하여 생선전용으로 포를 뜬 다음 소금과 후추 · 청주 · 물에 적신 다시마로 재운다.

2. 김치는 물에 한 번 씻은 후 두툼한 줄기부분은 포를 떠서 고등어 포 크기보다 약간 작게 썬다.

3. 대파도 흰 부분을 곱게 채 썰어 찬물에 담가두고, 풋고추와 홍고추는 원형 모양을 살려 썬다.

4. 식용유를 두른 팬에 1.의 고등어포와 김치에 밀가루를 입힌 후 달걀물을 씌워 맞붙여 올리고 풋고추와 홍고추로 장식하여 앞뒤로 익혀 준다.

5. 4.의 전과 수분을 제거한 대파를 함께 담고, 달래 양념장도 만들어 곁들인다.

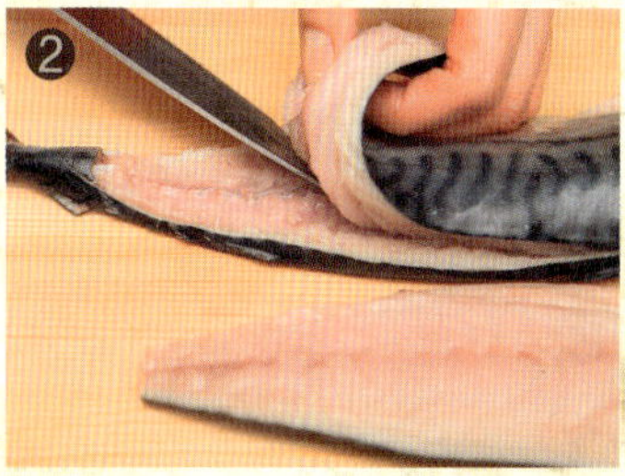

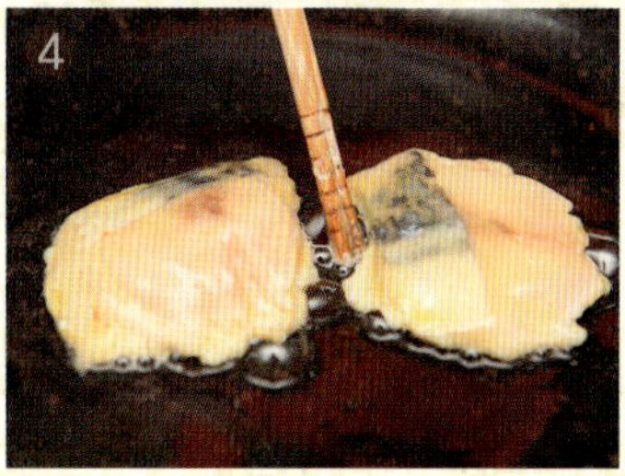

Tip

- 고등어는 비린내가 심한 것이 흠인데 구입 후, 내장과 아가미를 제거한 후 적당한 크기로 토막을 내어 냉동보관하고 카레, 청주, 생강, 마늘, 된장 등을 사용하면 비린내를 제거할 수 있다.

Part III 김치 퓨전음식

아시아 퓨전음식
서양 퓨전음식
이태리 퓨전음식

아시아·김치퓨전요리

01

김치깐쇼새우

Guide

깐쇼새우란?

깐소샤(乾燒蝦, ganshoxia) 또는 깐소 새우의 접두어로 쓰이는 깐소는 조리방법을 뜻한다. 단술과 토마토 케첩으로 맛을 내고 그 국물이 자작자작할 때까지 약한 불로 조린 음식을 지칭.

재료 및 분량

재료명	분량
배추김치	20g
베이컨	2~3장
양파	1/6개
달걀	3알

재료명	분량
생크림	2큰술
버터	2큰술
소금	1/2작은술
고추장	1작은술

만드는 방법

1. 새우는 수분을 제거한 후 소금, 후추, 전분을 묻혀 준비한다.
2. 된 녹말을 만들어 준비한다(녹말 2큰술 + 물 1큰술).
3. 프라이팬에 기름을 ⅔정도 넣어주고 160~170℃의 온도로 올린 후 약불로 줄여 준다.
4. 1.에 2.를 넣어주고 달걀 흰자를 넣어 반죽한다.
5. 3.에 4.를 넣어 2번 정도 튀겨 기름을 빼서 준비한다.
6. 김치와 채소들은 0.3cm 정도로 다져서 준비한다.
7. 프라이팬에 고추기름을 두른 후 6.을 넣어 볶아준다.
8. 7.에 케첩, 두반장, 설탕, 식초 등을 넣고 물 ½컵을 넣어 끓여준다.
9. 8.이 끓여지는 동안 물, 녹말(녹말 1큰술 + 물 2큰술)을 만들어 준비한다.
10. 8.이 끓으면 약한 불에서 9.를 넣어 가며 주걱으로 저어 준다.
11. 10.에 5.를 넣어 버무린 후 참기름을 넣어 마무리 한다.

Tip

- 두반장 대신 고추장을 이용하여 조리하면 맛도 있고 한국전통의 맛을 느낄 수 있다.
- 배추김치를 대신하여 깍두기를 사용해도 좋고 깍두기를 다져서 새우를 튀길 때 반죽에 넣어 사용해도 색다른 맛을 느낄 수 있다.
- 튀김온도를 확인하는 방법(160~180℃)
  튀김옷을 넣었을 때 바닥에 가라앉지않고 중간 부분까지 내려갔다가 위로 떠오르면 기름온도가 달아오른 것이다.

02 김치팟타이

Guide

팟타이란?

팟타이(타이어: ผัดไทย)는 타이의 쌀국수 요리. 국수와 함께 달걀, 타이식 어장(타이어: น้ำปลา 남쁠라 [*]), 붉은 고추, 새우, 닭고기, 두부 등을 넣고 고명으로 고수, 라임, 으깬 땅콩 등을 얹어 만든 타이를 대표하는 요리.

재료 및 분량

재료명	분량	재료명	분량
쌀국수(넓은 것)	30g	부추	5g
닭가슴살	1개	피시 소스	10g
숙주	10g	소금	⅓큰술
배추김치	2잎	후추	약간
달걀	2알	견 과 류	10g
청피망	¼개		

만드는 방법

1. 쌀국수는 미지근한 물에 20분 정도 담궈둔다.
2. 숙주는 거두절미하고, 김치와 청피망, 부추는 6cm 정도의 길이로 채썰어 준비한다.

3. 닭가슴살은 먹기 좋은 크기로 썰은 후 소금과 후추로 간을 한다.

4. 프라이팬에 기름을 두른 후 닭가슴살을 볶아 익으면 김치를 넣어 볶아내고, 달걀을 풀어서 스크램블을 하고 나머지 재료들을 넣은 후 버무리다가 피시 소스로 간을 한다.

5. 완성 접시에 담은 후 으깬 견과류를 뿌려서 마무리한다.

Tip

- 카나페에 식빵 대신으로 누룽지를 튀겨 두어도 더욱 더 바삭한 느낌을 줄 수 있다.
- 쌀국수 대신하여 당면 또는 소면으로 대체하여도 된다.
- 닭가슴살을 대신하여 돼지고기로도 대체가능하다.
- 피시 소스가 없다면 멸치액젓으로도 대체가능하다.

03 김치고추잡채

Guide

김치고추잡채란?

중화요리 중 하나. 여러 가지 채소와 고기를 잘게 썰어 볶은 것에 당면 대신으로 씨를 제거한 피망을 길게 썰어 볶은 요리

재료 및 분량

재료명	분량
배추김치	3잎
피망	2개
죽순	1/2개
대파(흰부분)	1줄기
돼지고기	30g

재료명	분량
소금	약간
후추	약간
굴소스	1큰술
화권	2개

만드는 방법

1. 피망과 배추김치는 7~8cm 정도의 길이로 채 썰어 준비한다.
2. 죽순은 뜨거운 물에 데쳐 석회질을 제거한 후 1.과 같은 크기로 채 썰어 준비한다.
3. 마늘은 편썰고 대파는 4cm 정도의 길이로 채 썰어 준비한다.
4. 돼지고기는 결대로 채 썰어 굴 소스와 후추로 간을 하여 준비한다.
5. 화권은 찜통에 김이 오른 후 3분 정도 쪄서 준비한다.
6. 팬에 기름을 두르고 3.-4.-2.-1.의 순으로 볶아 주고 소금으로 간을 하고 참기름으로 마무리하여 완성 그릇에 담아 주고 화권과 함께 곁들인다.

Tip

- 붉은 피망과 초록 피망을 골고루 사용하는 것도 심미성에서 좋다.
- 돼지고기 대신에 닭가슴살을 사용하기도 한다.

04 김치깐풍기

Guide

깐풍기란?

깐풍기는 튀긴 닭고기에 매콤 달콤한 소스를 뿌린 광둥요리. '깐풍' 이란 국물없이 볶는 것을 말하며, '기' 는 닭고기를 뜻함.

재료 및 분량

재료명	분량
닭	½마리(600g)
청.홍고추	1개씩
마늘	10g
소금	약간
후추	약간
달걀(흰자만 사용)	1개

재료명	분량
전분	4큰술
식용유	1병(大)
간장	3큰술
식초	1큰술
청주	1큰술
참기름	1작은술
생강	3g

만드는 방법

1. 닭은 흐르는 물에 깨끗이 씻어 낸 후 5cm 정도로 토막내고 껍질 부분에 칼집을 2~3번 정도 내어 청주 2큰술, 소금, 후추를 밑간 한다.

2. 된 녹말(녹말 2큰술 + 물 1큰술)을 만들어 달걀흰자, 닭을 넣고 반죽하여 160℃~170℃기름에 바삭하게 2번 튀긴다.

3. 김치와 청 · 홍고추 · 생강 · 마늘을 다져서 준비한다.

4. 기름을 두른 후 생강, 마늘, 청 · 홍고추, 김치 순으로 볶다가 청주, 간장, 설탕, 식초를 넣어 튀긴 닭을 넣고 윤기나게 조려지면 참기름을 두르고 마무리한다.

05

김치를 넣은 마파두부

Guide

마파두부란?

마파두부(麻婆豆腐, mápó dòufu)는 중화요리 중 사천요리에 해당하는 요리. 저민 고기 · 빨간고추 · 두판장 등을 넣고 볶은 다음, 닭고기 육수에 두부를 넣고 찌는 요리로 빨간고추의 매운 맛으로 얼얼한 맛이 특징. 본고장 사천의 마파두부는 혀가 마비될 정도의 아주 강렬한 매운맛을 지닌 요리.

재료 및 분량

재료명	분량
깍두기	6개
두부	½모
청 · 홍고추	1개씩
마늘	2개
대파(흰부분)	1줄기
전분	3큰술
밥	½공기

재료명	분량
두반장	2작은술
간장	1작은술
소금	약간
후추	약간
고추기름	약간
식용유	2큰술
참기름	½작은술

만드는 방법

1. 두부는 1.5cm 정도의 정사각형 모양으로 썰어서 뜨거운 물에 약간의 소금을 넣고 데쳐서 찬물에 식힌 후 준비한다.
2. 깍두기도 김치국물을 씻어 낸 후 두부와 같은 크기로 썰어서 준비한다.
3. 청 · 홍고추, 대파, 마늘은 0.5cm 정도로 다져서 준비한다.
4. 팬에 기름을 두르고 2.와 3.을 고추기름에 볶다가 물 1컵과 두반장, 간장, 후추로 간을 해주고 1.을 넣어 끓인다.
5. 끓으면 녹말물(녹말 1큰술 + 물 2큰술)을 약한 불에서 저어 가며 넣어 준다.
6. 다 끓은 후에는 참기름으로 마무리한다.
7. 완성 그릇에 밥을 넣고 5.를 뿌려 마무리한다.

Tip

- 두반장을 대신하여 고추장을 넣어 조리해도 색다른 맛을 연출할 수 있다.
- 고추기름을 대신하여 일반 식용유에 청양고추를 볶아서 사용해도 깔끔한 맛을 낼 수 있다.

06

김치 양장피 잡채

Guide

양장피란?

전분으로 만든 양장피와 여러 가지 채소와 해물, 고기를 채 썰어 익혀서 매콤하고 새콤하게 먹는 요리

재료 및 분량

재료명	분량
양장피	2장
가지	½개
오이	½개
당근	¼개
자숙새우	6마리
오징어	½마리
소라	2개
관자	2개

재료명	분량
양파	¼개
부추	20g
마늘	2개
대파(흰부분)	⅓대
김치	2잎
식용유	2큰술
소금	약간
후추	약간

만드는 방법

1. 양장피는 미지근한 물에 10~20분 정도 불려 준비한 후 끓는 물에 데쳐서 찬물에 담가 한입크기로 찢어 체에 받쳐 물기를 뺀 다음 소금, 참기름으로 밑간한다.

2. 가지, 오이, 당근은 6cm 길이로 돌려 깍고 양파, 부추, 김치, 대파는 4cm 길이로 채 썰어 준비한다.
3. 냄비에 물을 끓인 후 새우, 오징어(칼집넣기), 소라, 관자들에 소금을 넣은 다음 하얀색 해물부터 데쳐서 6cm 정도의 길이로 채 썬다.

4. 접시에 2.의 야채들을 돌려 담아 준비한다.(담을 때는 같은색을 반대에 두도록 담아 준다.)
5. 팬에 기름을 두른 후 대파와 마늘을 볶다가 양파, 김치를 볶아 주고 부추를 넣어 버무린 후 접시에 담아 마무리한다.

Tip

- 토핑 재료를 볶을 때 돼지고기를 채썰어 함께 볶으면 영양소를 골고루 섭취할수 있다.
- 김치의 강한 맛 때문에 별도의 소스가 필요하지 않지만 소스가 필요한 경우 겨자 소스가 잘 어울린다.

* 겨자소스 – 발효겨자 1작은술, 설탕, 식초 1큰술씩, 약간의 간장, 참기름

- 곁들이는 채소들은 파프리카 등으로 대체 가능하다.

07 김치월남쌈

Guide

월남쌈이란?

월남쌈(gỏi cuốn, 고이 꾸온) 또는 베트남 쌈은 반 짱(쌀 종이)에 돼지고기, 새우, 채소, 소면, 쌀면 등을 싸먹는 베트남 음식. 어권에서는 춘권과 혼동해서 부르기도 하고, 구별하여 하권이라고 부르기도 한다.

재료 및 분량

재료명	분량
라이스 페퍼	6장
노란 파프리카	½개
빨강 파프리카	½개
청 피망	½개
백김치	2잎

재료명	분량
당근	1/6개
닭가슴살	1개
칠리 소스	2큰술
소금	약간
후추	약간

만드는 방법

1. 파프리카, 피망, 당근, 김치는 두께 0.3cm에 길이 6cm 정도가 되도록 채썰어 준비한다.
2. 냄비에 물을 끓여 준비하고 닭가슴살을 데친 후, 1.과 비슷한 크기로 준비하여 소금, 후추간을 하여 준비한다.
3. 냄비에 미지근한 물을 끓여 준비하고 라이스 페퍼를 담그어 준다.
4. 그릇에 약간의 기름을 바르고 3.을 깔아 준 다음, 1.과 3.을 넣어 양옆을 접은 후 돌돌 말아 준다.
5. 먹기 좋은 크기로 썬 후 칠리 소스에 찍어 먹는다.

08

김치 캘리포니아롤

Guide

캘리포니아롤이란?

생선 · 채소 · 과일 등 다양한 재료를 사용하여 유럽과 미국 등 서구인의 입맛에 맞게 변형된 초밥의 일종. 캘리포니아 지방에서 풍부하게 생산되는 아보카도를 사용하는 것이 특징인 요리.

재료 및 분량

재료명	분량
밥	100g
김밥용 김	2장
백김치	2잎
크래미	2개
아보카도	¼개

재료명	분량
오이	¼개
마요네즈	2큰술
소금	⅓작은술
설탕	2큰술
식초	2큰술

만드는 방법

1. 밥을 되직하게 지은 후 단촛물(설탕, 식초, 물 1큰술씩, 소금 ⅓작은술)을 만들어 버무려서 식지 않도록 젖은 면보를 덮어 준비한다.
2. 김은 살짝 구워서 준비한다.
3. 오이, 백김치, 아보카도는 0.3cm 두께 정도로 채를 썰어 준비한다.
4. 크래미는 찢어서 마요네즈에 버무려 준비한다.
5. 김발 위에 구운 김을 ⅔로 썰고 그 위에 1.의 밥을 얇게 핀 후 뒤집어서 준비한다.
6. 3.과 4.를 가운데보다 조금 아래쪽에 넣어서 말아 준다.
7. 6.에 아보카도 편과 백김치 등으로 장식하여 랩을 덮고 썰어 준다.

Tip

- 밥을 지을 때는 다시마를 넣고 하면 밥맛을 좀더 좋게 해준다.
- 소 재료를 다양하게 이용한다.
- 크래미를 대신하여 맛살과 게살 또는 닭가슴살을 이용해도 좋다.
- 아보카도를 잘 고르는 방법은 진한 초록색보다는 약간의 붉은색을 띠는 것이 좋고 초록색을 구입하게 되면 신문지로 포장하여 쌀통에 2~3일 정도 보관하면 먹기 좋은 상태로 된다.
- 소스를 곁들일 경우 발사믹 소스가 어울린다.

서양·김치퓨전요리

01 김치깐쇼새우
02 김치팟타이
03 김치고추잡채
04 김치깐풍기
05 김치를 넣은 마파두부
06 김치 양장피 잡채
07 김치월남쌈
08 김치 캘리포니아롤

01 김치 오믈렛

Guide

오믈렛이란?

달걀을 풀어서 얇게 부친 것에 육류 · 채소 · 어패류 등을 잘게 썰어 볶아서 얹은 요리

재료 및 분량

재료명	분량
배추김치	20g
베이컨	2~3
양파	1/6
달걀	3

재료명	분량
생크림	2큰술
버터	2큰술
소금	1작은술
고추장	1작은술

만드는 방법

1. 달걀 3알은 알끈을 제거한 후 소금, 후추, 생크림을 넣어 저어 준다.
2. 김치와 양파는 0.5cm 정도로 다져주고 베이컨은 4~5등분하여 썰어서 준비한 다음 프라이팬에 베이컨, 양파, 김치를 넣어 볶아주고 고추장으로 간을 하여 준비한다.
3. 프라이팬(지름 18cm 정도)에 버터 2큰술을 넣어 달군 후 1.을 넣어 스크램블을 해주고 반원을 만든 후 2.를 1큰술 정도만 넣어 타원형 모양이 나오도록 만들어 준다.
4. 3.을 완성 접시에 담아 준비하고 2.로 장식한다.

Tip

- 스크램블드에그를만들어서타원형으로하지않아도되고지단으로모양을만들어 오므라이스 형태로 만들어도 된다.
- 김치와 야채들을 볶을 때 고추장을 넣어서 간을 해도 되고 케첩으로 대체해도 된다.

02 김치카나페

Guide

카나페란?

식빵을 작게 잘라서 구워 한쪽면에 버터를 바르고 식품을 얹은 서양의 전채요리. 크래커를 토대로 하여 만들 수도 있다. 빵이나 크래커 위에 버터를 바르고 어패류 · 육류 · 치즈 · 달걀 등 여러 가지 풍미 있는 식품을 단독으로 또는 혼합 · 조리하여 얹는데, 재료나 조리방법에 따라 각양각색의 맛과 형태가 이루어지는 요리

재료 및 분량

재료명	분량	재료명	분량
식빵	2장	유자청	2작은술
달걀	1개	새싹	약간
백김치	2잎	버터	약간
자숙새우	4개		

만드는 방법

1. 식빵은 5cm 정도의 크기가 되도록 썰거나(원형 4호) 찍어 준 다음 프라이팬에 버터를 바른 후 수분이 제거될 정도로만 드라이 토스트하여 구워준 후 식혀 준비한다.

2. 백김치는 수분을 제거한 후 다져서 유자청에 버무린다.

3. 자숙새우는 살짝 데친 다음 찬물에 식혀 준비한다.

4. 달걀은 노른자가 가운데에 오도록 중불에서 끓을 때까지 주걱으로 돌려준 다음 끓는 물에서 10분 정도 삶아 완숙하고, 찬물에 담그어 껍질을 제거하여 0.5cm 정도의 두께로 썰어 준비한다.

5. 1.에 4-2-3. 순으로 올려준 다음 새싹으로 장식한다.

Tip

- 카나페에 식빵 대신 누룽지를 튀겨 두어도 더욱 더 바삭한 느낌을 줄 수 있다.
- 백김치의 깔끔한 맛을 원한다면 유자청을 넣지 않아도 된다.
- 장식은 새우로 얹어도 되고 오징어 등의 해물을 잘게 썰어서 얹어도 좋다.

03 김치마늘바게트

Guide

마늘 바게트란?

마늘빵은 일반적으로 양념이 잘 흡수되도록 바게트 빵을 자른 조각을 사용하여 만든다. 바게트 빵에 다진 마늘과 오일을 버무린 양념을 채운 다음 오븐에 굽는다. 다진 마늘과 오일 대신, 버터와 마늘가루를 사용하기도 한다. 또 바게트 빵을 여러 조각으로 썰어서 각각의 빵 조각에 양념을 하여 굽기도 한다.

재료 및 분량

재료명	분량
바게트	4조각
마늘	3~4톨
버터	4큰술
김치	10g

재료명	분량
파마산 치즈	1작은술
다진 파슬리	약간
설탕	½작은술

만드는 방법

1. 버터는 실온에 1~2시간 보관하여 반 정도 녹을 수 있을 정도로 준비한다.
2. 김치는 다진 다음 수분이 제거되도록 프라이팬에 볶 아서 준비한다.
3. 1.과 2.(1작은술은 장식으로 사용)를 버무린 후 설탕을 가미하여 준비한다.
4. 바게트에 3.을 앞과 뒤로 발라서 준비한다.
5. 후라이팬을 달군 후 4.를 앞과 뒤로 구워 준다.
6. 파마산 치즈와 다진 김치 및 파슬리로 마무리하여 준다.

Tip

- 바게트빵 대신에 밥을 누르거나 찹쌀누룽지를 튀겨서 사용해도 좋다.
- 버터 대신에 올리브유를 담근 후 사용하는 것도 좋은 방법이다.
- 프라이팬에 구워도 되지만 오븐을 예열하여 1~2분 정도 구워 먹어도 기름기가 빠지기 때문에 좋다.

04 김치그라탕

Guide

그라탱이란?

생선 · 고기 · 계란 · 채소 · 면류(마카로니 따위) 등 한 가지 또는 몇 가지를 섞고, 조미한 소스를 섞은 후 구이접시(그라탱 접시)에 담고 가루 치즈와 빵가루를 뿌려 오븐에서 구워낸 서양요리

재료 및 분량

재료명	분량	재료명	분량
밥	1그릇	모짜렐라치즈	2큰술
백김치	2잎	버터	1큰술
버섯	1개	새싹	약간
베이컨	3장	소금	약간
마늘	2톨	후추	약간

만드는 방법

1. 밥을 고슬고슬하게 지어 준다.
2. 준비한 채소와 베이컨, 김치는 0.3cm 정도가 되도록 다져서 준비하고 마늘은 편으로 썬다.
3. 프라이팬에 버터을 두른 후 2.를 볶다가 1.을 넣어 볶아 준다.
4. 완성접시에 기름을 바른 후 3.을 반 정도 넣어주고 모짜렐라치즈를 뿌린 다음, 다시 3.을 넣고 모짜렐라치즈를 뿌려 준다.
5. 4.를 전자레인지나 오븐에 넣어 치즈가 녹을 때까지만(2~3분) 익혀준다.
6. 장식으로 볶은김치와 새싹으로 장식한다.

Tip

- 밥을 대신하여 죽형식으로 만드는 방법도 있다.
- 모짜렐라치즈 대신에 빵가루와 파마산 치즈로 대체해도 좋다.

05

김치깍두기 스튜

Guide

스튜란?

쇠고기를 큼직하게 썰어서 버터로 볶다가, 양파 · 감자 · 당근 등을 차례로 넣어 볶고 잠길 정도의 물을 부어 푹 끓여 양념한 것을 비프스튜라고 한다. 소의 혀가 주재료이면 텅스튜(tongue stew), 채소이면 베지터블스튜(vegetable stew), 닭고기이면 치킨스튜(chicken stew)가 되는데, 재료에 따라 10여 가지의 스튜가 주로 식생활에 활용된다.

재료 및 분량

재료명	분량	재료명	분량
깍두기	6~7개	버터	50g
소고기(홍두깨)	60g	토마토 페스트	30g
감자	½개	파슬	약간
당근	¼개	월계수잎	1잎
샐러리	1줄기	통후추	4알
마늘	2톨	소금	½ts
밀가루	50g	후추	약간

만드는 방법

1. 감자와 당근은 껍질을 제거한 후 1.8 × 1.8cm의 정육면체를 만들고 모서리를 제거한다. 감자는 물에 담그어 갈변방지를 해준다.
2. 셀러리는 섬유질을 제거한 후 1.8 × 1.8cm로 썰고, 김치와 깍두기도 같은크기로 준비한다.
3. 고기는 핏물을 제거한 후 깍두기 크기대로 썬다음 소금, 후추, 마늘로 밑간을 하고 밀가루를 겉에 묻혀 준다.
4. 프라이팬에 버터를 두른 후 1, 2, 3.을 차례대로 볶아준다.(3.은 겉에 밀가루옷만 구워지도록 익혀 준다.
5. 냄비를 달군 후 버터 2큰술을 녹이고 밀가루 2큰술을 넣어 중불로 갈색이 나도록 볶아 준 다음 고추장 1작은술, 육수 2컵을 넣고 4.를 넣은 후 스튜 농도가 나올 때까지 끓이면서 소금, 후추로 간을 맞춘다.

Tip

- 토마토페스트를 대신하여 고추장을 넣어도 색다른 맛을 즐길 수 있다.
- 아삭한 깍두기를 원한다면 밀가루 옷을 입혀 살짝 튀겨서 음식에 활용해도 좋다.
- 육수는 야채육수나 닭육수를 활용하면 좋다.

06 김치나쵸

Guide

나쵸란?

녹인 치즈와 다진 칠리를 얹은 토르티야 칩으로 전채요리나 간식으로 먹는 멕시코 음식이다. 토토포(totopo)라는 토르티야를 기름에 튀긴 조각에 쿠아카몰(=Guacamole, 아보카도를 으깨서 만든소스) 소스를 찍어 먹거나 토르티야 조각에 노란 체더치즈를 녹여 부어 먹는다.

* 쿠아카몰 : 아보카도 1개, 토마토 ½개, 다진양파 1큰술, 홍고추(or 할라피뇨)1큰술, 다진마늘 ½작은술, 레몬즙 1큰술, 소금 후추

재료 및 분량

재료명	분량
나쵸	½봉
배추김치	30g
모짜렐라치즈	3큰술
베이컨	3장
양파	⅙개
청.홍피망	¼개

재료명	분량
양배추	2잎
마늘	2톨
토마토페스트	½작은술
고추장	1작은술
설탕	약간
소금, 후추	약간

만드는 방법

1. 채소, 베이컨, 김치는 3~4cm 정도의 한 입에 먹기 좋은 크기로 썰어 준다.
2. 프라이팬에 올리브유를 두르고 마늘 편을 볶다가 베이컨-양배추-양파-청·홍피망-김치 순으로 볶아 주고 약한 불로 토마토 페스트와 고추장을 넣어 볶아 주고 설탕과 소금 및 후추로 간을 해준다.
3. 철판이나 내열성 그릇에 올리브유를 바르고 2.를 담아 준다.
4. 3.에 모짜렐라치즈를 뿌려 주고 주위에 나쵸를 담아 준다.
5. 오븐이나 전자레인지에 치즈가 녹을 정도(3~5분)의 열로 가열해 준다.

1

2

3

4

Tip

- 토마토 페스트가 없을 때에는 토마토 케찹으로 대체해서 사용하면 된다.
- 나쵸대신하여 뻥튀기나 누룽지로 사용해도 색다른 맛을 연출할 수 있다.

07

김치햄버거

Guide

햄버거란?

쇠고기나 돼지고기를 거칠게 갈아 채소와 양념 등을 가하여 혼합한 후 원형이나 원반형으로 성형하여 급속동결한 패티를 가열조리하고 채소 등을 가하여 대체적으로 지름 10cm 크기의 원형과 평면상의 형태로 구운 빵 사이에 넣어 가열한 것을 말한다.

재료 및 분량

재료명	분량
햄버거빵	1EA
다진 소고기	80g
양파	¼개
김치	50g
마늘	1톨
청.홍피망	¼개(가로)
양상추	1잎

재료명	분량
토마토	¼개(가로)
빵가루	2큰술
소금	약간
후추	약간
버터	1큰술
달걀	1알

만드는 방법

1. 양파와 김치는 곱게 다져서 준비한 후 프라이팬에 따로 볶아서 식혀 준비한 다음 반은 토핑에 쓴다.
2. 다진 소고기는 핏물을 제거하고 1.의 반 정도의 양파, 빵가루, 달걀, 소금, 후추 간을 한 후 많이 치댄 다음, 랩을 씌워 냉장고에 1시간 정도 준비한다.
3. 청 · 홍피망과 토마토는 둥근 모양이 나오도록 썰어 준 후 수분을 제거하여 준비한다.
4. 햄버거빵은 안쪽만 드라이토스트하여 구워서 준비한다.
5. 2.를 햄버거빵보다 1cm 정도 크게 원을 만들고 두께는 0.5cm 정도로 만들어 팬에 식용유 두르고 고기패티를 구워낸다.

❶

2
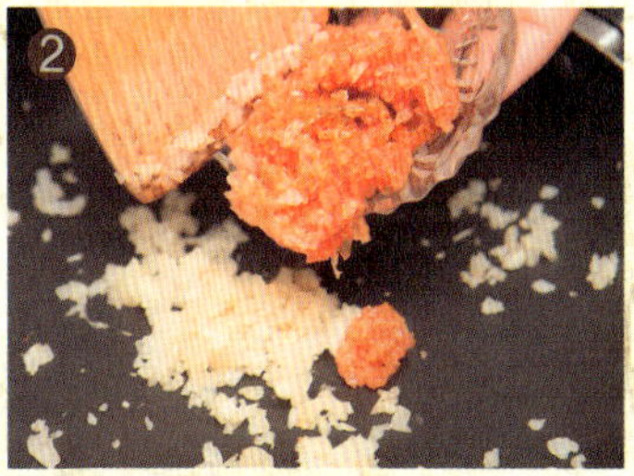
❸

4

Tip

- 패티 위에 찹쌀떡을 얇게 넣어도 치즈와 같은 느낌으로 먹을 수 있다.
- 빵(번스) 대신에 누룽지를 대체해도 색다른 맛을 느낄 수 있다.

이태리·김치퓨전요리

01 김치 라자냐

Guide

라자냐란?

밀가루에 달걀, 기름, 소금물 등으로 반죽하여 얇게 밀어 삶아낸 파스타의 일종으로 치즈와 소스로 쌓아올린 이탈리아 음식. 파스타의 종류 중 가장 넓은 면인 라자냐는 면을 여러겹 쌓아올리고 면과 면사이에 다양한 재료와 소스를 넣어서 만드는 재미있고 풍성한 파스타이다.

재료 및 분량

재료명	분량
밀가루	120g
올리브오일	10g
김치	50g
버터	20g
치즈	100g
우유	200mL
샐러리	10g

재료명	분량
당근	10g
김치 국물	200mL
달걀	2개
쇠고기다짐육	50g
가지	½개
올리브오일	적당량(1큰술)
물	200mL

만드는 방법

- **반죽** : 밀가루 100g과 달걀 노른자, 소금, 올리브오일만으로 반죽을 만들어 숙성시킨다. 그 후에 둥근 틀에 찍어둔다.
- **라자냐 삶기** : 라자냐면이 완성되면 물 1L에 소금 10g을 넣고 라자냐면이 떠오를 때까지 익힌다.
- **당근, 샐러리** : 곱게 다져놓고, 볶아둔다.
- **김치** : 곱게 다진 후에 약간 갈색이 날 때까지 볶는다.
- **가지** : 둥글게 잘라서 바삭하게 튀겨놓는다.

1. 팬에 오일을 두르고 다진 쇠고기를 볶다가 레드와인을 넣어 플람베하고 볶아둔 김치와 당근, 샐러리를 물기없이 볶는다.
2. 김치국물과 물을 분량대로 부은 후 약 1시간 동안 은근한 불로 끓인다.
3. 동량의 밀가루와 버터로 루를 만든 다음 우유와 치즈를 20g 넣어 베샤멜(모로네이) 소스를 만들어둔다.
4. 둥그런 틀 안에 면을 넣고 2.의 소스를 넣어 가지를 깔고 다시 3.을 붓는다.
5. 4.의 과정을 2번 반복한 다음 위에 라자냐면을 덮는다.
6. 치즈를 뿌리고 오븐에서 노릇하게 구워낸다.

Tip

- 토마토 대신 김치가 들어간 만큼 충분한 양의 김치와 김치국물이 들어가야 맛이 나고, 1시간 이상 은근한 불로 끓여주는 것은 그만큼의 소스의 묵직한 풍미와 맛이 난다.
- 플람베란 보통 알코올이 들어간 음료 등을 이용해 음식을 내놓기 전에 불을 붙여 내놓는 것을 가리키는 말

02 뇨끼

Guide

뇨끼란?

이탈리아의 대표적인 가정식으로 밀가루와 치즈, 감자를 주재료로 반죽한 파스타의 한 종류로, 우리나라 수제비와 비슷하다.

재료 및 분량

재료명	분량
밀가루	50g
크림	200mL
파르메레지아노	30g
파슬리	약간
치킨스톡	100mL

재료명	분량
감자	120g
씻은 김치	30g
올리브 오일	적당량
양파	30g

만드는 방법

- 씻은 김치 : 5mm 정도로 다이스해 놓는다.
- 파슬리 : 곱게 다져놓는다.
- 감자 : 오븐에 구워놓는다.
- 양파 : 다져놓는다.
- 감자 : 20g은 곱게 채썰어 튀겨둔다.

1. 구운 감자는 곱게 채에 내려놓는다.
2. 1.과 함께 밀가루와 섞어서 반죽을 만들어서 1시간 정도 숙성시킨다.
3. 가래떡 모양으로 만든 다음 4cm 간격으로 맞춰 한 입크기로 잘라놓는다.
4. 포크를 이용하여 홈을 판다.
5. 끓는 물에 삶아둔다. 그 후에 떠오르면 찬물에 담궈놓는다.
6. 팬에 오일을 두르고 양파 다져놓은 것과 씻은 김치다이스를 볶는다.
7. 양파가 투명해지면 크림과 치킨스톡을 넣고 반쯤 졸인다(없으면 같은 양의 물을 사용한다).
8. 삶아 놓은 뇨끼를 넣고 농도가 적당해지면 치즈를 넣고 마무리한다.
9. 파슬리와 감자채 튀김을 뿌려 멋을 더한다.

Tip

- 감자는 삶아서 쓰는 것보다 구워서 쓰는 편이 수분이 더 증발되므로 더욱 깊은 풍미를 낼 수 있다.

03 백김치 까르보나라

Guide

까르보나라란?

Carborne는 석탄을 의미하는데, 광부들이 탄광에서 스파게티를 먹을 때 탄 먼지가 섞여 들어갔는데 이것을 크림치즈 스파게티 위에 굵은 후추를 뿌려 놓은 모습과 비슷하다고 해서 붙여진 이름이다. 여기에 매운 고추 등을 넣으면 까르보나라 아라비아따가 된다.

재료 및 분량

재료명	분량	재료명	분량
백김치	30g	파르펠레	80g
베이컨	30g	양파	30g
달걀	1개	생크림	150mL
치킨스톡	100mL	파슬리	약간
파르메 레지아노	1큰술	올리브오일	적당량

만드는 방법

- **베이컨** : 적당한 크기로 다이스 한 다음 볶아서 준비한다.
- **백김치** : 2.5cm로 다이스한다
- **양파** : 거칠게 다진다.
- **파르펠레** : 1L의 끓는 물에 소금 10g을 넣고 파르펠레를 넣은 다음 6분정도 삶아낸다.
- **달걀** : 물에 소금과 식초를 넣고 달걀을 조심스럽게 깨넣어서 수란을 만든다.

1. 팬에 오일을 두른 다음 양파를 볶아 투명해지면 백김치를 넣는다.
2. 백김치가 살짝 투명해지면 생크림과 치킨스톡을 넣고 반정도로 졸인다.
3. 파르펠레를 넣고 농도가 나면 뺀다.
4. 치즈를 뿌린 후 접시에 면을 담아낸다.
5. 달걀을 중간에 놓고 반으로 갈라 노른자가 흐르게 만든다.
6. 파슬리를 뿌린다.

Tip

- 고춧가루를 넣고 숙성시킨 김치를 쓰게 되면 모든 소스 맛의 벨런스가 무너지므로 꼭 백김치를 쓰도록 하고 수란을 만들 때에는 노른자가 완전히 익지 않도록 주의한다.

04

깍두기를 넣은 미네스트로 스프

Guide

미네스트로 스프

채소, 파스타 등으로 만든 이탈리아 정통 스프 미네스트로는 각종 채소를 납작한 모양으로 썰어서 주로 스프를 만드는 재료로 쓴다. 딱딱한 빵을 찍어 적셔서 먹기도 한다.

재료 및 분량

재료명	분량
깍두기	10개 정도
토마토	20g
샐러리	10g
베이컨	20g
고추장	3큰술
치킨 스톡	400mL

재료명	분량
당근	20g
양파	30g
감자	20g
완두콩	10g
올리브오일	약간
참기름	약간

만드는 방법

- 깍두기 : 2.5cm 정도로 다이스 해놓는다.
- 당근 : 2.5cm 정도로 다이스 해놓는다.
- 토마토 : 콘까세 후에 2.5cm 정도로 다이스 해놓는다.
- 양파 : 2.5cm 정도로 다이스 해놓는다.
- 샐러리 : 2.5cm 정도로 다이스 해놓는다.
- 감자 : 2.5cm 정도로 다이스 해놓는다.
- 베이컨 : 2.5cm 정도로 다이스 해놓는다.

1. 베이컨은 미리 볶아둔다.

2. 냄비에 베이컨기름이 있는 상태로 양파, 당근, 샐러리를 볶다가 약간 갈색이 나면 남은 재료를 다 넣는다.

3. 고추장을 넣고 조금 볶다가 약간 눌기 시작하면 치킨스톡을 넣는다.

4. 거품을 거두어 주면서 20분 정도 시머링한다(은근한 불로 끓여준다).

5. 수프볼에 담고 올리브오일과 참기름을 뿌려놓는다.

05

김치 고추장 파스타

Guide

파스타

파스타는 이태리 면요리의 통칭으로 파스타의 종류에는 스파게티, 라자냐, 후질리, 파르팔라, 링귀니, 펜네 등이 있다.

재료 및 분량

재료명	분량	재료명	분량
배추 김치	30g	고추장	1 ½큰술
양파	20g	마늘	5g
브로콜리	4개	팬네면	80g
올리브오일	3큰술	치킨 스톡	130mL
참기름	1큰술	파슬리	약간

만드는 방법

- **배추김치** : 사방 1cm 다이스
- **양파** : 거칠게 다져놓는다.
- **마늘** : 거칠게 다져놓는다.
- **브로콜리** : 적당한 크기로 4개 정도 잘라놓고 소금물에 데쳐서 찬물에 행궈놓는다.
- **팬네면** : 1L의 물에 10g의 소금을 넣고 팬네면을 약 7분간 삶아 놓는다(알단테).

1. 팬에 올리브오일을 약간 두르고, 마늘은 골든브라운으로 살짝만 볶아서 향을 내고 양파를 넣는다.
2. 양파가 투명해 지면 분량의 김치를 넣고, 약간의 갈색이 될 때까지 볶는다.
3. 김치가 갈색이 날 정도로 볶아지면 고추장을 넣고 살짝 볶는다.
4. 치킨스톡을 넣고 반정도 졸인다.
5. 알단테로 익혀놓은 펜네면과 브로콜리를 넣고 국물이 약 2스푼 정도 남아있을 때까지 볶아준다.
6. 올리브오일과 참기름으로 몽떼한다.
7. 파슬리 가루로 뿌려서 장식한다.

Tip

- 마늘과 양파, 김치는 꼭 갈색빛이 나도록 하여 파스타소스의 풍미를 깊게 만들어야 맛있는 소스가 만들어진다.

06 깍두기 라비올리

Guide

라비올리

이태리가 발상지라고 생각되는 파스타는 사실 중국이 원산지이다. 그 중 라비올리는 중국의 물만두와 거의 같은 모양이다. 이태리식 만두인 라비올리에 크림치즈는 환상적인 궁합이다.

재료 및 분량

재료명	분량
닭가슴살	100g
이태리파슬리	20g
치킨스톡	100mL
양파	20g
올리브오일	1큰술

재료명	분량
깍두기	50g
생크림	150mL
밀가루	100g
달걀	2개
파르메레지아노 치즈	1큰술

만드는 방법

- **치자** : 물에 넣어 노란물을 내 놓는다.
- **닭가슴살 & 깍두기** : 다져서 물기를 뺀 다음에 섞어둔다.
- **밀가루** : 소금, 올리브오일 반죽하여 노랗게 만든 후에 단단하게 숙성시킨다.
- **양파** : 곱게 다져놓는다.
- **닭껍질** : 구워놓아 바삭하게 만든다.

1. 밀가루 반죽은 얇게 편 후에 이태리파슬리를 중간에 껴서 반을 접은 후에 밀대로 다시 밀어준다.
2. 1.의 얇게 민 반죽 위에 닭가슴살 깍두기 소를 적당량 놓고 밀가루 반죽을 다시 덮어 틀로 찍어 모양을 낸다.
3. 끓는 물에 데쳐놓는다.
4. 팬에 양파를 살짝 볶은 후에 생크림과 치킨스톡을 넣고 반정도 졸인다.
5. 라비올리를 넣은 후에 적당량의 크림이 남을 정도로 졸여지면 접시에 담아낸다.

Tip

- 꽃잎이나 허브 등을 넣고 밀어 멋을 더하고, 닭가슴살과 깍두기를 함께 다져서 섞어두고 약 1시간 동안 숙성하여 만들도록 한다.
- 닭껍질 구워 놓은 것을 꽂아 멋을 더해도 좋다.

07

김치 알리오올리오

Guide

알리오올리오

이태리어로 알리오는 마늘, 올리오는 기름이다. 이태리인은 생마늘의 냄새는 지독히 싫어하지만 기름으로 뽑아낸 마늘의 성분은 너무나 좋아한다. 알리오올리오는 그러한 이태리인의 입맛을 잘 나타내 주는 파스타이다.

재료 및 분량

재료명	분량	재료명	분량
링귀니면	80g	배추김치	30g
건고추	3개	마늘쫑	1줄
마늘	7쪽	올리브 오일	4큰술
치킨스톡	200mL	파슬리	약간

만드는 방법

- 마늘 : 두껍게 편으로 썰어 둔다.
- 링귀니 : 1L의 물에 소금 10g을 넣고 끓인 다음 5분 정도 삶아 준다.
- 건고추 : 부숴 놓는다.
- 배추김치 : 씻어서 고춧가루를 빼고 마늘과 비슷한 크기로 다이스 해놓는다.
- 마늘쫑 : 7cm 정도로 어슷썰어 멋을 더해 놓는다.

1. 팬에 올리브오일을 두르고 마늘편을 넣어 골든브라운을 해 놓는다.
2. 골든브라운이 되면 김치를 넣고 살짝 볶는다.
3. 건고추를 부숴 넣고 치킨스톡을 넣는다.
4. 반 정도 졸으면 링귀니를 넣고 완전히 졸아들 때까지 졸인다.
5. 올리브오일로 몽떼 한다.
6. 파슬리를 뿌리고 올리브오일을 뿌린다.

Tip

- 마늘은 골든브라운이 나지 않으면 맛 자체가 나지 않는 파스타이므로 꼭 골든브라운을 내도록 하고, 백김치는 풍미가 좀 떨어지므로 고춧가루를 넣고 발효시킨 김치를 씻어서 사용함으로써 깊은 풍미를 내도록 한다.
- 몽떼란 오일이나 버터를 소스와 하나로 만들어지게끔 비벼준다는 의미로 쓰여진다.

08 김치 스파게티잡채

Guide

스파게티

스파게티는 파스타 중 길고 얇은 면을 말한다. 가장 얇은 면은 까펠리라고 부르는데 머리카락이란 뜻이다. 탄력이 뛰어나고 비교적 빨리 삶아진다.

재료 및 분량

재료명	분량	재료명	분량
스파게티면	80g	당근	20g
양파	20g	씻은 김치	30g
달걀	1개	쇠고기	30g
오이	20g	올리브오일	1큰술
참기름	1작은술	간장	1큰술
설탕	1작은술	소금	약간

만드는 방법

- 스파게티 : 알단테없이 완전 삶아 놓는다.
- 당근, 오이, 양파, 쇠고기, 김치 : 가늘게 채썰어 놓는다.
- 달걀 : 지단을 만들어 가늘게 썰어놓는다.
- 양념장 : 참기름, 간장, 설탕으로 만든다.

1. 스파게티는 양념장에 미리 무쳐둔다.
2. 그밖의 야채들은 강한 불에 소금을 넣어 한 번씩 볶아 식혀준다.
3. 스파게티와 함께 버무려 접시에 낸다.

Tip

- 뜨거운 상태에서 섞게 되면 파스타의 전분이 밖으로 빠져 너무 끈적이게 되므로 차가운 상태에서 섞도록 한다.

09 김치와 리조또

Guide

리조또

이태리인들은 파스타 외에도 쌀요리를 즐긴다. 리조또는 대표적인 쌀요리인데 우리 기준으로는 덜익은 쌀밥에 치즈와 어우러지는 리조또는 색다른 풍미가 있다.

재료 및 분량

재료명	분량
배추김치	50g
양파	30g
생크림	150g
간장	1큰술
파슬리	약간
파르메레지아노	1큰술

재료명	분량
쌀	80g
마늘	10g
치킨스톡	100mL
참기름	1작은술
올리브오일	3큰술

만드는 방법

- **쌀** : 양파를 살짝 볶다가 뜨거운 치킨스톡을 부어가면서 80% 정도 익힌다.
- **배추김치** : 곱게 채썬 후에 간장과 참기름을 넣고 볶는다.

1. 기름을 두르고 마늘을 살짝 볶은 후에 양파를 넣고 투명해지면 익혀둔 쌀을 넣는다.
2. 크림을 넣고 농도가 나면 치즈를 넣고 파슬리를 뿌린 후에 접시에 담는다.
3. 볶은 김치를 중앙에 놓는다.

Tip

- 김치를 처음부터 양파와 함께 넣고 만들어도 되지만 너무 맵게 될 수 있으므로 주의해야 한다. 본 레시피는 크림소스로 맛을 낸 리조또와 볶은 김치의 조화를 목표로 한 것이다. 김치를 볶을 때 베이컨 기름이나 참치기름 등을 이용하면 더 좋은 풍미를 낼 수 있다.

10

김치피자

Guide

피 자

이태리 빈대떡이라고 할 수 있는 피자는 우리나라 빈대떡과 마찬가지로 기본 도우 위에 다양한 토핑을 해서 수십가지 다른 맛을 만들 수 있는 재미있고 맛있는 요리이다.

재료 및 분량

도우반죽

재료명	분량	재료명	분량
중력분	100g	이스트	40g
설탕	50g	물	500mL
소금	10g	다진 백김치	100g
식용유	80g		

만드는 방법

〈도우 제조공정〉

1. 김치를 제외한 전재료를 믹싱볼에 넣고 저속 1분, 중속 8분 정도 믹싱한 후 짠맛을 뺀 다진 백김치를 넣고 저속 1분 정도 믹싱해서 반죽을 마무리한다.
2. 온도 27℃, 습도 80%에 반죽을 60분 정도 1차 발효 시킨다.
3. 분할 : 280g 정도를 둥글리기 / 중간발효 : 15 ~ 20분
4. 성형 : 밀대로 반죽 두께가 균일하게 밀어서 펴주고 가장자리를 스크래퍼를 이용하여 모양내준다.

〈피자소스 제조공정〉

1. 토마토페이스트에 토마토를 으깨서 넣는다.
2. 1.에 다진 양파, 다진 마늘, 식용유, 소금, 오레가노, 월계수잎, 물을 넣고 직불로 끓여준다.
3. 마지막으로 2.에 다진 백김치를 넣고 3분 정도 더 끓여준다.
4. 피자마무리
5. 직경 30cm정도 밀어서 편 도우반죽에 피자소스를 150g정도 펴 바른다.
6. 1.에 토핑을 먹음직스럽게 올려서 굽기(200℃에서 8~10분 굽기)한다.

〈토핑 올리는 순서〉

피자치즈 → 베이컨 → 새우 → 브로커리 → 백김치 → 피망

참고 문헌

- 윤숙자, (사)한국전통음식연구소, "아름다운 한국음식 300선", ㈜한림출판사, 2008
- 강순의, "한국의 맛 김치", 한국외식정보, 2001
- 강인희 : '韓國食生活史', 삼영사(서울) p166및 p234 (1991)
- 구영조 · 최신양, "김치의 종류와 제조방법, 김치의 과학기술", 도서출판 창조(서울), p77~108, 1991
- 웅진닷컴 편집부, "기초 요리무크 8", 웅진닷컴 편집부, (2002)
- 김경태 · 신형식 · 이배용, "韓國文化史", 이화여자대학교 출판부(서울) p16~20, 1992
- 김대환, "한국인의 민족의식", 이화여자대학교 출판부(서울) p141 (1985)
- 김동희, "김치교육지도사", 푸른행복, 2010
- 김만조 외, "김치 천년의 맛, 디자인 하우스, 1996
- 김명선 · 한재숙 "통배추김치에 관한 연구, 대구지역을 중심으로 담그는 방법과 기호에 관한 실태조사, '한국조리과학회지', 11(1), p13~19, 1995
- 김상순, 김치, "한국전통식품의 과학적 고찰", 숙명여자대학교 출판부(서울), 342, 354, 1900
- 김상순 · 최홍식 · 변광의, "식품가공저장학' 수학사(서울) p342~354, 1990
- 김숙희, "어떻게 무엇을 먹지", 정우사(서울) p1651976
- 김숙희, "현대 식탁에서 김치의 의미, 한국식문화학회지 6(4), pp521~526, 1991
- 김순자, "명인의 맛, 85가지 계절 김치", 행복이 가득한 집/디자인하우스, 2010
- 김연옥, "한국의 기후와 문화", 이화여자대학교 출판부(서울), p83~100, 1989
- 김영명 · 김동수, '한국의 젓갈, 그 원료와 제품', 도서출판 창조(서울), p13~32, 1990
- 김은실, "한국의 발효음식", MJ미디어, 2011
- 김정숙, "맛으로 먹고 약으로 먹는 우리김치 55가지", 아카데미북, 2008
- 김정숙 외, "식품가공저장학", 지구문화사, 2012
- 김진구 · 장유경 · 임정빈, "개화기 한국인 가정생활 양식에 관한 연구-매일신보를 중심으로", 한국생활과학연구, 제10호 p339~360. 한양대학교 한국생활과학연구소(서울), 1992
- 김채원, "겨울의 幻", 현대문학사(서울), p12~16, 1990
- 문갑순 · 송영선 · 전영수, "부산 및 부산근교의 명가김치 발굴을 위한 연구", 한국조리과학회지 12(1), p74, 1995
- 문선희, "김치에 관한 식문화 체험이 김치 섭취에 미치는 영향", 숙명여자대학교 대학원 석사학위논문, 2004
- 문현경 · 정혜량 · 조은영, "1990년도 국민영양조사에 따른 한국인의 사용식단분석", 한국식 생활문화학회지, 9(3), p241~250, 1994
- "한국민속종합보고서", 문화재관리국(서울), 1969~1981
- 박건영, "김치의 영양학적 평가와 항돌연변이 및 항암효과", 한국영양식량학회지, 24(1), p169~182, 1995
- "국민영양조사보고서", 보건사회부 보건교육과, 한라인쇄(서울), 1998
- 손경희, "김치의 종류와 이용", 한국식문화학회지, 1991
- 식생활개선국민운동본부, "김치특집", 식생활11 서울, p28~38, 1993
- 신선영, "김장준비와 별미김치", 국민영양 1986년 10월호, p32~34, 1986
- 신선영, "향토김치 소개", 식품과 영양, 6(3), p37~39, 1985

- 왕준련, "지방별 김치의 풍미", 식품과 영양, 9(4), p40~42, 1988
- 윤서석, "增補韓國食生活文化史研究 , 신광출판사(서울) p180~190 (1990)
- 윤서석, "한국음식", 수학사(서울), p89, 1993
- 윤서석, "한국의 자연과 식생활", 한국식생활문화학회지, 10(3), p203~212, 1995
- 윤숙자, "굿모닝 김치!", 도서출판 질시루, 2003
- 윤숙자, "한국의 저장 발효음식", 신광출판사, 2003
- 윤숙자, "한국의 사찰음식", 지구문화사, 2010
- 이미영,이효지, "문헌에 기록된 젓갈의 분석적 고찰-젓을 중심으로", 한국생활과학연구, 제7호, p43~68, 1989
- 이서래, "김치류:한국의 발효식품", 이화여자대학교 출판부(서울), p39~49, 1992
- 이선근, "한민족의 국난극복사", 휘문출판사(서울), p39~41, 1978
- 이수성, "김치재료의 종류와 특성", 식품과학과산업, 21(1), p12~18, 1988
- 이승교, "김장김치에 대하여", 식품과 영양', 3(3), p61~64, 1982
- 이승교, "지역별 농가의 김치 종류와 섭취실태", 식품과 영양, 5(1), p22~25, 1984
- 이승교 · 안홍석 · 오혜숙, "한국 농촌지역에서 제조되는 침채류의 종류와 섭취실태조사", 대한가정학회지, 22(3), p45, 1984
- 이정연, "절약김장 228가지", 주부생활 12월호 별책부록, 1987
- 이종미, "우리나라 상용김치의 지역성 고찰-이화여자대학교 가정대학 100주년 기념논총", 이화여자대학교 가정대학(서울), 1990
- 이하연, "이하연의 명품김치", 웅진씽크빅, 2006
- 이효지, "한국의 김치문화", 신광출판사, 2000
- 정학유 원저, 박성의 주해, "농가월령가 10월조", 예그린 출판사(서울), 1978
- 조재선, "김치의 연구", 유림문화사(서울), p77~97, 2000
- 조재선, "김치류의 역사적 고찰", 동아시아식생활회지, 심포지움1, p1~4, 1994
- 조흥윤, "한국음식문화의 형성과 특징", 한국식생활문화학회지, 13(1), p1~8, 1998
- 주영하, "김치, 한국인의 먹거리", 도서출판 공간(서울), p143~214, 1994
- 村上唯古, "朝鮮衣食住", 大和商會印刷所(京城), 1916
- 최덕주 · 김문호 · 최소래 · 윤예리 · 김윤경 · 이윤정, "우리의 김치와 발효음식", 인천재능대학교, 2003
- 최홍식, "한국인의 생명, 김치", 도서출판 밀알(서울), p111~172, 1995
- 최홍식, "한국의 김치 문화와 식생활", 도서출판 효일, 2002
- 한국의 맛 연구회, "김치담그기", 북폴리오, 2006
- 한복려, "우리가 정말 알아야 할 우리 김치 백가지", 현암사, 2000
- 한복진, "전통음식", 대원사, 1989
- 한응수, 석문식, "김치공장의 배추 절임공정 개선", 식품산업과 영양1(1), p50~70, 1996
- 홍성모 원저, 김석원 역, "동국세시기", 10월조, 명문당(서울), 1987
- 황혜성, "한국의 전통음식", 교문사, 2005

세계화를 위한

팔도 김치

2013년 5월 25일 초판 인쇄
2013년 6월 1일 초판 발행

저 자 • 차 원/ 배은자/ 송정애/ 신금례/ 오나라/ 윤미자
이상미/ 이윤선/ 임미선/ 임윤희/ 임인숙/ 정 임
조영숙/ 최정원/ 최종선/ 한인경/ 이은미

발행인 • 주 병 오

발행처 • 지구문화 JIGU CULTURE

경기도 파주시 회동길 209(문발동)
파주출판문화정보산업단지

전화 • 영업팀 (031)955－7566／7577
편집팀 (031)955－7731
FAX • (031)955－7730
홈페이지 • www.ji-gu.co.kr
전자우편 • jigupub@hanmail.net

값 • 22,000원

ISBN 978－89－7006－637－0